中国质量协会
CHINA ASSOCIATION FOR QUALITY

全面质量管理知识普及教育
UNIVERSAL EDUCATION ON TQM KNOWLEDGE

新时代全面质量管理知识普及教育全国指定教材

《全面质量管理》习题集

中国质量协会 / 编著
李晓飞 / 主编　　韩福荣 / 主审

中国社会出版社
国家一级出版社 · 全国百佳图书出版单位

编审委员会

主　　任： 贾福兴

副 主 任： 段永刚

主　　编： 李晓飞

编著委员： 段一泓　曹　华　黄少兵　杨跃进
贾宣东　赵志民　凌　锋　陈静雯
郭　锐　邢微微

主　　审： 韩福荣

序

质量管理历经漫长的实践探索和发展，进入当今的全面质量管理阶段。全面质量管理立足于提升全面质量，是如今各种先进质量管理理念和方法的集合，反映了质量管理的客观规律，与高质量发展思想一脉相承。不论是 ISO 9000 族标准，还是卓越绩效模式，或者是精益管理、六西格玛管理等管理方法，都可以看成是从不同切入点对全面质量管理的应用和发展，是各类组织实施全面质量管理的工作重点和具体措施。

中国质量协会长期致力于全面质量管理理念、方法和最佳实践在国内的推进与交流，在各个时期不定期出版全面质量管理普及教材，并协同全国质协系统开展多种形式的推进活动，如师资培养、普及教育、论坛研讨、标杆交流、演讲赛、知识竞赛等，使全面质量管理逐步在广大企事业单位中得到推广应用，大大促进了我国的产品和服务质量的提升。

新时代质量管理面临新任务、新目标和新要求，在国家和有关部门不断强化开展全面质量管理的背景下，中国质量协会从引导各类组织树立质量第一的强烈意识出发，以提升企业员工质量素质为工作重点，组织推进全面质量管理工作。教材出版方面，在 2018 年出版的“新时代全面质量管理知识普及教育全国指定教材”《全面质量管理》（第四版）的基础上，今年组织编写全面质量管理习题集，目的是帮助广大员工深入学习质量管理知识，促进质量方法应用，借此提升我国各类组织员工的质量意识和整体素质，支撑各类组织和国家经济的高质量发展。

中国质量协会

2021 年 5 月

前　言

本书根据中国质量协会编著、工业和信息化部科技司与国务院国资委综合局审定的“新时代全面质量管理知识普及教育全国指定教材”《全面质量管理》(第四版) 编写而成。

编写习题集的目的，是为了帮助广大读者更好地理解和掌握全面质量管理的基本理念和方法。通过习题集与教材的配合使用，促进各类组织的员工学习质量知识，培养质量管理思维，提升工具方法的应用能力，在提高个人质量素质的同时，进一步为组织的质量提升作出贡献。

本书分两部分。第一部分为复习题，题型包括填空题、判断题、单项选择题、多项选择题、简答题及计算分析题，逐章罗列，以便对应学习时使用；第二部分为参考答案，对应第一部分各章给出参考答案。读者可在学习《全面质量管理》(第四版) 教材的基础上，先按照第一部分的试题作答，然后对照第二部分的答案进行检查，以便了解自己掌握质量知识的程度。

本书由中国质量协会组织编写，中国质量协会贾福兴会长、段永刚副会长兼秘书长分别担任编审委员会主任和副主任，中国质量协会全面质量管理首席专家李晓飞担任主编，全国质量奖评审委员会主任、北京工业大学教授韩福荣担任主审。

各章复习题及答案的编写人员为：第 1、2、4 章 李晓飞，第 3 章 邢微微，第 5、7 章 段一泓，第 6、8 章 赵志民，第 9、10 章 杨跃进，第 11 章 陈静雯，第 12、13 章 贾宣东，第 14、15 章 凌锋，第 16、17、18 章 郭锐，样题（A、B、C 卷）邢微微，在此对相关作者表示衷心感谢。中国质量协会全面质量管理普及教育主管邢微微和综合主管冯雪为全书的出版做了大量的组织和协调工作，在此一并感谢。

本书适合各类组织的各级人员使用，也适合高校相关专业师生使用参考。我们诚挚地希望广大读者对本书提出宝贵意见和建议，以便我们今后进一步修订完善。

编　者

2021 年 5 月

目录

Contents

第一部分 复习题

Contents

第二部分　复习题答案

第一部分　复习题

第 1 章 质 量

一、填空题

1. 质量是指客体的一组________满足________的程度。

2. 硬件产品的质量特性，一般包括：性能、________、可信性、________和经济性等方面。

3. 服务的质量特性，一般包括：________、时间性、________、________、舒适性和文明性等方面。

4. 产品的自然寿命是指产品在规定的使用条件下完成________的________。

5. 产品的可靠性是指产品在规定的________和规定的________，完成规定功能的________。

6. 产品的经济性是指产品在整个寿命周期内的费用，是__________费用和________费用的总和。

7. 过程是指利用__________实现__________的相互关联或相互作用的一组________。

8. 质量职能是指为了使产品具有满足________和________的要求而进行的________的总和。

9. 质量环是对质量的________、形成和________过程的抽象描述和理论概括，提示了产品的全生命周期。

10. 在为最终用户提供产品或服务的过程中所涉及的所有活动，称为____，它通常包括从上游原材料供应到最后向消费者提供商品为止的整个链条。

二、判断题

1. 质量是指产品或服务满足顾客需求的程度的感受。 ( )

2. 产品的可靠性是指产品满足使用目的所具备的技术特性。 ( )

3. 美国质量管理专家朱兰博士最早提出“适用性质量”概念。适用性质量概念是指产品和服务符合规范或要求。 ( )

4. 顾客和其他相关方的需求是会不断变化的，因此产品的固有特性也应不断满足变化的要求，才能具有高质量。 ( )

5. 研究客体的质量需要了解其质量特性，产品、服务、过程和管理体系均有其质量特性。 ( )

6. 质量有等级之分，因此产品质量可以进行分级，以引导优质优价。 ( )

7. 广义质量观是指质量的客体，不仅包括产品和服务，还可包括组织的各个过程和整个体系等；组织不仅要满足顾客要求，还要考虑满足其他相关方的要求。 ( )

8. 国际标准化组织把产品分成四个大类：硬件、软件、服务、流程性材料。 ( )

9. 提高质量能带来全社会的效益，但是必然带来成本的增加，因为质量越高，成本也越高。 ( )

10. 日本质量专家狩野纪昭所提出的“KANO 模型”中，魅力特性是指那些如果提供充分就会使人产生满足，提供不充分就会使人产生不满的特性。 ( )

三、单项选择题

1. 根据 ISO 9000 标准的定义，“质量”是指“客体的一组固有特性满足要求的程度”，以下__________不属于产品的“固有特性”。

A. 产品的寿命

B. 产品的价格

C. 产品制造和使用的费用

D. 产品的可靠性

2. 产品在整个寿命周期内的费用方面的质量特征是指________。

A. 性能

B. 寿命

C. 可靠性

D. 经济性

3. 在接受服务的过程中，顾客期望得到一个自由、亲切、尊重、友好和谅解的气氛，这体现了服务的________质量特性。

A. 文明性

B. 舒适性

C. 功能性

D. 安全性

4. 那些即使充分提供也不会使顾客感到特别的兴奋和满意，一旦提供不足就会引起强烈不满的质量特性是________。

A. 魅力型特性

B. 基本型特性

C. 期望型特性

D. 赋予型特性

5. 质量概念涵盖的对象是________。

A. 产品

B. 服务

C. 过程

D. 可感知或可想象的任何事物

6. “质量”是指“客体的一组固有特性满足要求的程度”，组织应满足的“要求”不包括 __________。

A. 与顾客签订的合同要求

B. 顾客没有明示的行业惯例和常识

C. 法律法规规定的要求

D. 竞争对手对其顾客的承诺

7. ________是指对产品质量的产生、形成和实现过程进行的抽象描述和理论概括。

A. 质量大堤

B. 质量环

C. 品管圈

D. PDCA 循环

8. 经过各种转化制成的、通常以散装形式（如管道、桶等）交付的产品类别是________。

A. 硬件

B. 软件

C. 服务

D. 流程性材料

9. 以下关于质量职能的描述，不正确的是________。

A. 企业应履行质量主体责任

B. 许多质量活动涉及企业外部供应商和合作伙伴

C. 企业应将供应链上的所有活动协调整合成一个无缝过程

D. 质量是企业内从事管控工作的部门和人员的事

10. 质量大堤的概念是________提出来的。

A. 朱兰

B. 戴明

C. 休哈特

D. 克劳斯比

四、多项选择题

1. 质量是指“客体的一组固有特性满足要求的程度”。下述对“质量”定义解释正确的是________。

A. 客体是指可感知或可想象的任何事物

B. 特性是指固有特性，是完成产品后因不同要求而对产品增加的特性

C. 要求是指明示的、通常隐含的或必须履行的需求或期望

D. 固有特性是指完成产品后人们赋予客体的特性

E. 质量的程度有好与差之分

2. 根据质量特性与顾客满意之间的关系，日本质量专家狩野纪昭提出的“KANO 模型”中，将质量特性分为基本型质量特性、期望型质量特性和魅力型质量特性。关于酒店服务的质量特性，以下描述正确的是________。

A. 酒店客人希望床上用品是干净卫生的，这是期望型质量特性

B. 服务员主动将客人随意放在沙发上的衣服叠好，这是基本型质量特性

C. 三星级酒店向客人提供超出承诺的服务项目，这是魅力型质量特性

D. 三星级客房配置电视机，这是基本型质量特性

E. 酒店住宿的性价比，这是期望型质量特性

3. 午餐时间到了，小王和小李为赶任务，就叫了外卖。小王说：“A 公司的外卖营养搭配好，送得快，价格也适中，就买它家的吧。”小李说：“好啊！”小李和小王叫外卖考虑的是________等方面的服务质量特性。

A. 功能性

B. 时间性

C. 经济性

D. 舒适性

E. 文明性

4. 组织的管理体系自身也存在质量水平的问题，因此要提升管理体系质量特性满足要求的程度。管理体系质量特性一般包括________。

A. 符合性

B. 适宜性

C. 时间性

D. 有效性

E. 效率

5. 以下对广义质量的描述，正确的是________。

A. 广义质量就是指符合性

B. 质量的客体包括可感知或可想象的任何事物

C. 质量要满足相关方的需要

D. 质量涉及产品、服务、过程和管理体系等客体

E. 广义质量观可以称为大质量观

五、简答题

1. 质量对各相关方的意义是什么?
2. 请描述硬件产品质量环的主要内容。

第 2 章　质量管理

一、填空题

1. 质量管理包括制定质量方针和________，以及通过质量策划、________、质量控制和________实现这些质量目标的过程。

2. 根据解决质量问题的手段和方式的不同，一般可以将现代质量管理分为质量检验阶段、________和________阶段。

3. ISO 8402:1994 将“全面质量管理”定义为“一个组织以________为中心，以________为基础，目的在于通过让顾客满意和本组织所有成员及________受益而达到长期成功的________”。

4. 我国企业在实践中将全面质量管理的特点概括为“三全一多样”，即________、________、________和________的质量管理。

5. 任何活动必须遵循科学的工作程序，质量管理的基本工作程序是______循环。

6. 朱兰提出了质量管理三部曲，即________、质量控制和________。

7. 质量策划致力于制定________并规定必要的________和相关资源以实现质量目标。

8. 全面质量管理强调多方法，质量管理的方法既有统计方法，又有非统计方法，一般可包括三种类型：（1）________________，如 QC 新老七种工具等；（2）____________，如 QC 小组活动、六西格玛管理等；（3）______________，如 ISO 9001、卓越绩效模式等。

9. 全面质量管理不仅是一个质量阶段的统称，它也是当今先进质量管理理念和方法的________，它源于世界各国质量专家的研究和成功组织的管理实践，反映了质量管理的________。

10. 质量管理三个发展阶段，质量检验阶段特点是________，统计质量控制阶段特点是________，全面质量管理阶段的特点是全面管理、________为主。

二、判断题

1. 戴明十四点中指出，不要将质量依赖于检验，应从一开始就使质量成为产品的组成部分。（　）

2. 在朱兰质量三部曲中，将实际绩效与质量目标进行对比，并对差异采取措施，这属于质量改进阶段的内容。（　）

3. 质量策划致力于制定质量目标并规定必要的运行过程和相关资源以实现质量目标，它是质量管理的前提和基础。（　）

4. 质量控制致力于提供质量要求会得到满足的信任。（　）

5. 质量改进意味着在现有质量水准基础上的提高和创新，标志着质量活动是以一种螺旋式上升的方式不断提高。（　）

6. 质量控制和质量改进都是质量管理的一部分，目的都是为了保持产品质量稳定。（　）

7. 质量改进应是全员参与、全组织和全过程开展的活动。（　）

8. 泰罗 1875 年提出科学管理理论，提出按照职能进行合理分工，并将质量检验作为一项管理职能从生产过程中分离出来。（　）

9. 质量保证致力于提供质量要求会得到满足的信任，就是保证质量。（　）

10. 现在质量管理已进入全面质量管理阶段，因此，不再需要质量检验阶段和统计质量控制阶段的理论和方法。（　）

三、单项选择题

1. ________在 1961 年首次提出全面质量管理的概念。

A. 戴明

B. 朱兰

C. 费根堡姆

D. 克劳斯比

2. ________阶段质量管理的重点主要是通过生产工序控制以确保产品质量符合规范和标准。

A. 早期质量管理

B. 质量检验

C. 统计质量控制

D. 全面质量管理

3. ________是质量管理的一部分，它致力于增强满足质量要求的能力。

A. 质量改进

B. 质量控制

C. 质量策划

D. 质量保证

4. PDCA 循环的四个阶段中，D 阶段是________。

A. 策划

B. 实施

C. 检查

D. 处置

5. 产品质量有一个产生、形成和实现的过程，每个环节或多或少影响到最终产品的质量，因此需要控制影响产品质量的所有环节和活动，这反映了全面质量管理的________的质量管理思想。

A. 全面

B. 全员

C. 全过程

D. 全方位

6. 在质量管理中，致力于制定质量目标并规定必要的运行过程和相关资源以实现质量目标的活动是________。

A. 质量策划

B. 质量控制

C. 质量保证

D. 质量改进

7. 开展质量管理活动必须遵循 PDCA 循环，我们称之为戴明环，请问 PDCA 是指________。

A. 计划—实施—检查—处置

B. 方法—展开—学习—整合

C. 方法—实施—控制—协调

D. 计划—组织—指挥—协调

8. 以下关于统计质量控制阶段的描述，不正确的是________。

A. 强调应用统计方法进行质量控制

B. 在这个阶段休哈特提出控制图理论

C. 强调事后检验与工序预防思想相结合

D. 强调全员参与质量控制

9. 张瑞敏在海尔创业初期就提出了“日事日毕、日清日高”，这成为海尔未来成功的基石。这体现了质量管理的________思想。

A. 预防为主

B. PDCA 循环

C. 全员参与

D. 过程方法

10. “第一次就把事情做对”的名言是________提出来的。

A. 戴明

B. 克劳斯比

C. 朱兰

D. 石川馨

四、多项选择题

1. 关于 PDCA 循环，正确的描述是________。

A. PDCA 循环四个阶段一个也不能少

B. PDCA 循环中的每一个阶段，也应遵循 PDCA 循环，大环套小环

C. PDCA 循环是由朱兰提出来的

D. PDCA 是螺旋式上升的，每循环一次，质量就得到提升

E. PDCA 循环适用于组织的各个环节、各个方面的工作

2. 根据 ISO 9000 的术语，质量管理的内容应包括________。

A. 制定组织的使命、愿景和价值观

B. 制定质量方针和质量目标

C. 开展质量策划

D. 开展质量控制和质量保证

E. 开展质量改进

3. 关于“全面质量管理”的描述，以下正确的是________。

A. 它是现代质量管理的一个发展阶段

B. 它是当今先进质量管理理念和方法的集合

C. ISO 9001 是全面质量管理框架下的一个标准

D. 它已经过时，目前已到卓越绩效阶段

E. 它的理念和方法，适用于各行各业

4. 影响过程质量的因素，可缩写为“5M1E”，以下描述正确的是________。

A. 5M1E 是指谁、做什么、什么时候做、在哪里做、如何做、花多少钱做

B. 质量控制就是在质量形成的各个环节对影响质量的 5M1E 进行控制，以实现规定要求

C. 5M1E 是指人、机、料、法、测、环

D. 查找质量问题的原因时，也可以从 5M1E 的角度进行深入分析

E. 虽然质量要求不断变化，但 5M1E 的控制内容应保持不变，以确保质量稳定

5. 质量管理“三部曲”中，质量控制是实现质量目标的保障，它的具体内容应是________。

A. 设定质量目标

B. 落实质量措施和要求

C. 实施过程管理以实现质量目标

D. 运用相应手段将质量提升到前所未有的水平

E. 应用统计方法帮助解决存在的质量问题

6. 我国企业在实践中将全面质量管理概括为“三全一多样”的特点，其中

"三全"包括________。

A. 全过程的质量管理

B. 全员的质量管理

C. 全面的质量管理

D. 全方位的质量管理

E. 全生命周期的质量管理

五、简答题

1. 全面质量管理有哪些基本要求?
2. PDCA 循环的内容和特点是什么?

第 3 章　全面质量管理基础工作

一、填空题

1. 日本质量管理大师石川馨说过一句名言，“质量始于________________，终于________________。”

2. 标准是指为在一定的范围内获得________，经协调一致制定并由公认机构批准，共同使用的和重复使用的一种________文件。

3. 质量信息是在质量形成全过程中产生的________，是开展质量管理工作的基础。

4. 企业标准可以分为________、________和工作标准，其中________是企业实现产品质量的重要前提，是企业标准化管理体系的核心。

5. 企业推行全面质量管理，既要有技术基础作支撑，也要有管理基础作保障。技术基础一般包括________、计量、________、认证认可、质量信息化等，其中前四项在国家层面统称为国家质量技术基础（NQI）；管理基础包括质量责任制、教育培训、内外部沟通机制等。

6. 培训的内容有多种分类，一般可分为质量意识教育、质量知识教育和专业技能培训。其中，________主要指在质量管理方面的理念、原理、规范、标准、工具、方法和经验等。

7. ________一般包括组织各级行政领导责任制，职能机构责任制以及车间、班组和个人责任制。

8. 企业依据有关标准建立测量管理体系，目的是确保________和________能够满足预期用途。

9. ________是实现单位统一、保障量值准确可靠的活动，是质量管理的一项基础性工作。根据其作用与地位，可分为________、________和________。

10. 按检验阶段分类，质量检验的方式可分为________、________和最终检验。

11. 质量认证是指由________证明产品、服务、管理体系符合相关技术规范的强制性要求或者标准的________，可分为________和________两类。

二、判断题

1. 按照标准的约束力分类，标准可以分为国家标准和企业标准。（　）

2. 计量的准确性是指在统一计量单位的基础上，无论何时采用何种方法，使用何种计量器具，以及由何人测量，只要符合有关的要求，测量结果应在给定的区间内一致。（　）

3. 企业所存在的质量问题，都可以经过质量教育培训，通过弥补员工的质量知识和技能不足的方法来解决。（　）

4. 有效的培训是从识别需求开始的，而识别培训需求只需考虑组织人力资源的整体水平与发展战略和目标之间的差距即可。（　）

5. 由于组织的每个部门、每个员工的工作都会直接或间接地影响产品或服务质量，因而组织的全体人员都应承担质量责任，而不仅仅是高层管理者和质量部门的事。（　）

6. 推荐性国家标准、行业标准、地方标准、团体标准和企业标准的技术要求不得低于强制性国家标准的相关技术要求。（　）

7. 在产品的生产过程中各环节和工序都进行质量检验，所以，产品质量是检验出来的。（　）

8. 认证等同于认可，均同属于合格评定的范畴。（　）

9. 产品认证与质量管理体系认证是有区别的，产品认证的对象是企业生产的某一产品，而质量管理体系认证的对象是企业的质量管理体系。（　）

10. 开展质量信息化工作，有助于企业提高产品性能和质量，降低制造成本。（　）

11. 企业应公开其执行的强制性标准、推荐性标准、团体标准或企业标准的

编号和名称，执行自行制定的企业标准的，还应公开其产品/服务的功能指标和性能指标。 (　　)

三、单项选择题

1. 计量的__________是指测量结果与被测量真值的接近程度。

A. 准确性

B. 一致性

C. 溯源性

D. 法制性

2. 企业应该对上自高层领导下至普通员工的所有人员开展质量教育培训，质量教育培训的首要内容是__________。

A. 质量知识教育

B. 专业技能培训

C. 质量意识教育

D. 统计技术培训

3. 企业开展质量培训工作，一般包括四个阶段的活动，以下对四个阶段活动的描述，其正确的开展顺序是__________。

1 设计和策划培训　2 评价培训结果　3 提供培训　4 确定培训需求

A. 1—2—3—4

B. 1—4—3—2

C. 4—1—2—3

D. 4—1—3—2

4. 据史料记载，明朝修建南京城墙使用的砖，为了确保城砖烧造质量，朝廷要求烧造过程所涉官、兵、窑匠等均需在砖上留下姓名，此做法属于____。

A. 标准化作业

B. 质量责任制

C. 质量检验

D. 计量

5. 关于大数据时代的质量信息，描述不正确的是__________。

A. 来源更多样

B. 数据量大

C. 数据产生、变化速度快

D. 数据信息难利用

6. 我国对有关人身安全、健康和其他法律法规有特殊规定者实施强制性认证，以下标志属于我国强制认证标志的是__________。

A. CE

B. GS

C. UL

D. CCC

7. 企业通过质量管理体系认证审核后，认证机构会颁发统一编号的印有认证机构认证标志和国家认可标志的质量管理体系认证证书，证书的有效期为__________。

A. 一年

B. 三年

C. 五年

D. 长期

8. 以下对于“检验”和“检测”的描述，不正确的有__________。

A. “检验”等同于“检测”

B. 检测是按照程序确定合格评定对象的一个或多个特性的活动

C. 检验是对材料、产品、安装、工厂、过程、工作程序或服务进行的符合性审查

D. 检测是一项独立的技术活动，它为检验、认证等活动服务

9. 以下不属于全面质量管理基础工作的有__________。

A. 质量培训

B. 质量责任制

C. 质量管理体系

D. 质量认证

10. 以下属于市场自主制定的标准是________。

A. 国家标准

B. 行业标准

C. 地方标准

D. 团体标准

四、多项选择题

1. 培训效果评价是培训工作的重要组成部分，柯氏四级评价模式是被各界广为采用的评价方法，其包括________。

A. 反应评价

B. 背景评价

C. 学习评价

D. 行为评价

E. 成果评价

2. 以下属于计量工作的有________。

A. 计量单位与单位制

B. 计量器具

C. 量值传递与计量溯源性

D. 质量检验

E. 计量管理

3. 质量检验的功能包括________。

A. 把关功能

B. 报告功能

C. 鉴别功能

D. 预防功能

E. 评价功能

4. 在我国标准体系中，政府主导制定的标准包括________。

A. 强制性国家标准

B. 团体标准

C. 推荐性国家标准

D. 企业标准

E. 行业标准

5. 以下属于我国认证认可主管及相关机构的有________。

A. 中国国家认证认可监督管理委员会

B. 认证机构

C. 中国合格评定国家认可委员会

D. 中国认证认可协会

E. 认证企业

五、简答题

1. 简要介绍我国标准体系。

2. 简要介绍质量信息管理的主要要求。

第 4 章　质量文化和品牌

一、填空题

1.《企业质量文化建设指南》（GB/T 32230—2015）国家标准，对“质量文化”的定义为：企业和__________所共有的关于质量的理念与__________、习惯与行为模式、基本原则与制度以及物质表现的__________。

2. 质量文化主要由__________、制度文化层、行为文化层和__________四个相互关联的表现形态构成。__________是质量文化的核心内容和最高境界。

3. 质量文化建设应遵循的基本原则，包括：__________、__________、系统性、融合、__________、过程方法和关注成效。

4. 质量文化是__________的重要组成部分，是为实现质量经营提供有效支持的那一部分企业文化，企业文化应以__________为导向。

5. 质量文化的功能包括：导向功能、__________、__________、激励功能和辐射功能。

6. 质量文化建设的基本任务，可分解为四个转化，即内化于__________、外化于__________、固化于__________、物化于__________，简称为“四化”。

7. 企业质量文化建设工作，应包含四个过程：__________、组织与推进、质量文化推进和__________。

8. 质量与品牌息息相关。__________是__________的内核，__________是__________的外在表现。

9. 品牌是________的竞争战略，是能够给受众带来________和________的一系列名称、术语、标识、符号、形象、理念、联想的任意组合，是一个整体。

10. 品牌是能为组织带来溢价、产生增值的一种________。其载体是与其他竞争者相区别的名称、名词、符号、设计等，或者它们的________。

二、判断题

1. 组织文化可以通过职工的着装、标志、行为模式、组织的规范完全反映出来。（　）

2. 质量文化主要由四个层次构成，其中行为文化层就是指通过各种规章制度来约束员工行为和组织行为。（　）

3. 精神文化层是质量文化的核心层内容和最高境界，是质量文化建设的精髓部分。（　）

4. 物质文化层既是质量文化的显现部分，也是质量文化的外在体现。（　）

5. 质量文化建设和品牌管理，都是全面质量管理的工作内容。（　）

6. 管理制度就是质量文化。（　）

7. 企业创建品牌的目的之一是使其与竞争者的商品和服务区分开来。（　）

8. 体系化的全面品牌管理模式，对提高全体员工品牌意识，加强品牌规划和决策，完善品牌管理制度，开展品牌传播等具有重要作用。（　）

9. 品牌架构的设计至关重要，其中一项任务是企业确定采取单一品牌战略，还是多品牌战略。（　）

10. 品牌战略由品牌架构和品牌识别系统构成。（　）

三、单项选择题

1. 质量文化内容通常可以分为几个层次，其中________位于最核心，是质量文化的精髓。

A. 精神文化层

B. 行为文化层

C. 制度文化层

D. 物质文化层

2. ________是质量文化的固化部分，是质量价值观的外在体现和落实手段之一，是组织实现质量目标的必要保证。

A. 精神文化层

B. 行为文化层

C. 制度文化层

D. 物质文化层

3. 优秀的质量文化能够把员工个人的价值观和目标引导到组织的价值观和总体目标上来，引导全体人员自觉地为实现质量目标、提升组织质量竞争力作出努力。这展现了质量文化的________功能。

A. 凝聚

B. 约束

C. 辐射

D. 导向

4. 关于质量文化与企业文化的描述，错误的是________。

A. 质量文化是企业文化的重要组成部分

B. 质量文化应与企业文化协调一致

C. 质量文化是企业文化的最精华部分

D. 质量文化应与企业文化互相融合

5. 以下哪项不是质量文化的物质文化层的内容________。

A. 干净整洁的车间地面

B. 楼顶上规范的标识

C. 厂区画出人行步道

D. 企业提出的使命、愿景和价值观

6. 以下关于质量文化建设“融合”原则的描述，错误的是________。

A. 质量文化建设要与企业其他管理相融合

B. 质量文化建设要与质量管理相融合

C. 质量文化应单独建立管理体系

D. 质量文化建设要与品牌管理相融合

7. 以下关于质量文化“全员参与”原则的描述，错误的是________。

A. 质量文化建设主要是中高层领导的事情

B. 质量文化建设要以人为本

C. 质量文化建设要确保员工从情感和理智上认同

D. 只有全员参与，才能促进质量文化的发展与优化

8. 依据品牌的沙堆模型，________是构成品牌的最基本要素。

A. 信誉

B. 质量

C. 技术

D. 社会责任

9. 全面品牌管理的特点不包括________。

A. 全员

B. 全过程

C. 全方位

D. 全要素

10. 以下关于品牌的描述，正确的是________。

A. 品牌是指产品品牌

B. 只有知名企业才有品牌

C. 酒好还怕巷子深，说明品牌需要传播

D. 品牌是自然而然形成的

四、多项选择题

1. 质量文化是组织重要的软实力，具有________等功能。

A. 宏观功能

B. 导向功能

C. 约束功能

D. 激励功能

E. 辐射功能

2. 企业质量文化是由________这四个相互关联的表现形态构成。

A. 精神文化

B. 行为文化

C. 制度文化

D. 物质文化

E. 奖惩文化

3. 企业高层领导在质量文化建设中的角色，应包括________。

A. 倡导者

B. 践行者

C. 旁观者

D. 推动者

E. 培育者

4. 根据品牌的沙堆模型，品牌的基础要素包括________。

A. 产品价格

B. 社会责任

C. 信誉

D. 质量

E. 技术

5. 以下关于“品牌”的描述，正确的是________。

A. 工商注册的组织名称和 Logo 是组织品牌的构成部分

B. 品牌是为了与竞争对手同质化

C. 品牌包括无形资产和品质承诺

D. 品牌就是指产品的标志

E. 品牌的载体可以是名称、符号、设计或它们的组合

五、简答题

1. 企业开展质量文化建设的意义是什么？

2. 如何理解品牌的沙堆模型？

第 5 章　质量管理体系

一、填空题

1. 管理体系是组织建立________和________以及实现这些目标的过程的相互关联或相互作用的________。

2. 七项质量管理原则的第一条是________。这条原则告诉我们质量管理的首要关注点是________并争取________。

3. GB/T 19000—2016 标准的名称是《________________________》。它阐明了质量管理体系的____________________________，规定了质量管理体系的__________________，为各类组织建立、实施、保持和改进质量管理体系提供了__________________。

4. GB/T 19001—2016 标准的名称是《________________》。其目标是使组织具有稳定地提供____________和______________的产品和服务的能力，并不断增强______________。

5. GB/T 19001—2016 标准中，“组织环境”一章要求组织确定与其________相关并影响其实现____________________的能力的各种内外部因素。

6. 组织应针对相关的______________、______________和质量管理体系所需的__________建立质量目标。

7. 质量目标应保持____________并与____________保持一致。

8. “成文信息”是指质量管理体系中需要________的________。

9. 程序是为进行某项活动或过程规定的__________。包含程序的文件被称为__________。

10. 作业指导书是指导一个具体过程或活动如何实施的文件，是程序的__________，主要用于阐明具体的______________和要求。

二、判断题

1. 质量管理体系文件编制过程就是把现有的做法以文件形式表述出来，其本身是不增值的。 （ ）

2. 改进是对质量管理的较高要求，组织每年组织一次评价改进活动就可以满足质量管理体系的要求。 （ ）

3. 内部审核是针对质量管理体系适宜性、充分性、有效性进行的全面评价。 （ ）

4. 管理评审应由组织专门的评价小组进行，而且需要评审小组人员独立地收集信息。 （ ）

5. 质量管理体系标准要求，任何生产和服务过程都必须在受控状态下进行。 （ ）

6. 根据 GB/T 19001 要求，外部提供的过程、产品和服务都要纳入组织的质量管理体系进行控制。 （ ）

7. 为了质量管理体系能够有效运行，组织应确保相关人员知晓质量方针、质量目标、绩效改进的益处及不符合质量管理体系要求的后果。 （ ）

8. 基础设施也是质量管理体系运行必要的资源。 （ ）

9. GB/T 19001 标准要求组织建立质量管理体系时采用过程方法、应用 PDCA 循环和基于风险的思维。 （ ）

10. GB/T 19001 标准规定的质量管理体系要求是对有关产品要求的补充。 （ ）

三、单项选择题

1. 各级人员都是组织之本，只有他们的充分参与，才能使他们的才干为组织带来收益，表述的是七项质量管理原则中________原则的含义。

A. 以顾客为关注焦点

B. 领导作用

C. 全员积极参与

D. 过程方法

2. “利用输入实现预期结果的相互关联或相互作用的一组活动”描述的是________。

A. 产品

B. 过程

C. 程序

D. 体系

3. 组织建立、实施、保持和持续改进质量管理体系的目的是________。

A. 提高组织的知名度

B. 证实组织有能力稳定提供满足要求的产品和服务

C. 增进顾客满意

D. B+C

4. PDCA 循环的方法适用于________。

A. 产品实现过程

B. 产品实现的生产和服务提供过程

C. 质量改进过程

D. 构成组织质量管理体系的所有过程

5. GB/T 19001 标准规定的质量管理体系要求是为了________。

A. 进一步明确规定组织的产品要求

B. 统一组织的质量管理体系文件和结构

C. 统一组织的质量管理体系过程

D. 稳定地提供满足要求的产品和服务并增进顾客满意

6. 组织的质量方针应____________。

A. 自下而上地提出

B. 可获取并形成文件

C. 包含具体的质量目标

D. 规定产品和服务的具体要求

7. GB/T 19001 标准要求，组织要在生产和服务提供的适当阶段验证产品和服务的要求已得到满足，这些验证活动需预先进行__________。

A. 策划

B. 试验

C. 评审

D. 得到顾客批准

8. 不合格控制的主要目的是________。

A. 降低生产成本

B. 防止非预期的使用和交付

C. 追究相关责任人

D. 控制财务风险

9. 质量管理体系的管理评审应由组织的________主持。

A. 质量部门负责人

B. 最高管理者

C. 审核组长

D. 管理者代表

10. GB/T 19001 标准的结构图中居于中心地位的是________。

A. 领导作用

B. 策划

C. 改进

D. 绩效评价

四、多项选择题

1. GB/T 19001 标准规定，组织应在相关________建立质量目标。

A. 职能

B. 层次

C. 范围

D. 部门

E. 质量管理体系所需过程

2. GB/T 19001 标准规定，最高管理者应________质量方针。

A. 制定

B. 实施

C. 考核

D. 保持

E. 经常变更

3. 当组织确定需要对质量管理体系进行变更时，应考虑________等，对变更进行策划。

A. 变更的目的及其潜在后果

B. 质量管理体系的完整性

C. 资源的可获得性

D. 职责和权限的分配或再分配

E. 相关方的意见

4. 对于影响质量管理体系绩效和有效性的人员，组织应确定其能力，并基于适当的________，确保这些人员是胜任的。

A. 性别

B. 年龄

C. 教育

D. 培训

E. 经验

5. 组织按规定的间隔进行质量管理体系的内部审核，是为了获得有关质量管理体系是否符合________，以及是否得到有效的实施和保持等方面的信息。

A. 供应商质量管理体系的要求

B. 组织自身质量管理体系的要求

C. GB/T 19001 标准的要求

D. 股东的要求

E. 员工的要求

五、简答题

1. 结合 GB/T 19001 标准要求和组织的实践，谈谈如何使员工具备相应的质量意识。

2. 在进行质量管理体系策划时，为什么要考虑应对风险和机遇的措施？

第 6 章　卓越绩效模式

一、填空题

1. 我国现行使用的卓越绩效模式标准包括________和________两个标准。

2. “卓越绩效”术语是通过综合的________，为顾客、员工和__________不断创造价值，提高组织__________的绩效和能力，促进组织获得__________和________。

3. 《卓越绩效评价准则》（GB/T 19580—2012）标准内容包括领导、战略、顾客与市场、________、过程管理、________和________七大类目的要求。

4. 卓越绩效模式评价要素中，其中“方法”的评价要点包括________、有效性、________。

5. 我国现行的用于规定卓越绩效评价要求的标准是________。

6. 《卓越绩效评价准则》标准评分条款分值，满分共计________分，其中“结果”类条款为________分。

7. 卓越绩效评价从组织概述开始，组织概述包括________和________两个方面内容。

8. 《卓越绩效评价准则》标准内容包括________和________两个方面。

9. 《卓越绩效评价准则实施指南》标准明确，对“过程”的评价从______、________、________和________四个要素进行。

10. 《卓越绩效评价准则实施指南》标准明确，对“结果”的评价从____、________、________和________四个要素进行。

二、判断题

1.《卓越绩效评价准则》标准和 ISO 9001 标准一样，都可以作为符合性评价标准。 （ ）

2.《卓越绩效评价准则》标准中“领导作用”理念体现在领导者确立组织统一的宗旨及方向，创造并保持使员工能充分参与实现组织目标的内部环境。

（ ）

3.《卓越绩效评价准则》标准为组织追求卓越提供了自我评价的准则，也可作为质量奖的评价依据。 （ ）

4.《卓越绩效评价准则》标准中，对“结果”条款的成熟度评价，主要依据方法、展开、学习、整合的四个要素。 （ ）

5.《卓越绩效评价准则》标准中，“战略导向”理念是以战略统领组织的管理活动，获得持续发展和成功。 （ ）

6.《卓越绩效评价准则》标准中，“社会责任”理念是指组织为促进社会的全面可持续发展进行的公益支持活动。 （ ）

7.《卓越绩效评价准则》标准所指的“资源”包括人力资源、财务资源和设备设施资源。 （ ）

8.《卓越绩效评价准则》标准的“改进与创新”条款包括改进与创新的管理和改进与创新方法的应用两个条目。 （ ）

9. 组织实现战略目标方面的关键绩效指标绩效属于领导方面的结果。

（ ）

10. 组织改进和创新的方法和工具就是 QC 新老七种工具、方差设计、六西格玛和试验设计。 （ ）

三、单项选择题

1.《卓越绩效评价准则》（GB/T 19580）标准建立在九条基本理念基础上，以下不属于九条基本理念的是________。

A. 资源配置

B. 战略导向

C. 系统管理

D. 合作共赢

2. 关于《卓越绩效评价准则》(GB/T 19580) 标准的作用，不正确的是________。

A. 为组织追求卓越提供自我评价的准则

B. 作为各类质量奖的评价依据

C. 作为组织建立经营管理体系的框架

D. 作为合格评定的依据

3. 《卓越绩效评价准则》(GB/T 19580) 标准引导组织积极履行社会责任，以下不属于社会责任范畴的是________。

A. 质量安全

B. 环保与节能降耗

C. 员工福利

D. 诚信道德

4. 在将组织战略目标加以分解的过程中，可以应用方针目标管理方法，也可应用________方法。

A. 质量功能展开 (QFD)

B. 平衡计分卡 (BSC)

C. 六西格玛管理 (6σ)

D. 全面生产维护 (TPM)

5. 根据《卓越绩效评价准则》(GB/T 19580) 标准，以下有关“卓越绩效”的描述正确的是________。

A. “是组织绩效考核的具体标准”

B. “是组织综合的绩效管理方法”

C. “要推行卓越绩效模式，公司就不用推行 ISO 9001 标准了”

D. “是符合性评价的方法”

6. 《卓越绩效评价准则实施指南》(GB/Z 19579) 标准中，用________四个要素来评价组织“过程”条款的成熟度。

A. 水平—趋势—对比—整合

B. 方法—展开—检查—改进

C. 策划—实施—检查—改进

D. 方法—展开—学习—整合

7. 以下属于《卓越绩效评价准则》(GB/T 19580) 标准九条基本理念的是________。

A. 志向远大

B. 战略导向

C. 积极向上

D. 求真务实

8. 以下不属于《卓越绩效评价准则》标准“高层领导作用”条款的是________。

A. 确定组织使命

B. 营造学习环境

C. 实施项目改进

D. 强化风险意识

9. 以下不属于《卓越绩效评价准则》标准中“组织治理”条款内容的是________。

A. 财务方面的责任

B. 信息披露政策

C. 审计的独立性

D. 生产运营制度

10. 《卓越绩效评价准则》标准条款的分值中，“过程管理”类目的分值是______分。

A. 90

B. 100

C. 110

D. 130

四、多项选择题

1. 《卓越绩效评价准则》(GB/T 19580) 标准倡导组织为相关方创造价值，

这里的“相关方”包括________。

A. 顾客

B. 竞争对手

C. 员工

D. 供方和合作伙伴

E. 股东、社会

2. 在《卓越绩效评价准则》（GB/T 19580）标准中，绩效结果包括________。

A. 领导和战略的结果

B. 资源和过程的结果

C. 产品和服务的结果

D. 财务的结果

E. 行业发展的结果

3. 在《卓越绩效评价准则》（GB/T 19580）标准中，领导包括________。

A. 高层领导的作用

B. 改进和创新

C. 组织治理

D. 社会责任

E. 领导的结果

4. 在《卓越绩效评价准则实施指南》（GB/Z 19579）标准附录 B 中，员工概况包括________。

A. 技能水平

B. 教育水平

C. 年龄和职位构成

D. 关键需求和期望

E. 福利制度

5. 在《卓越绩效评价准则实施指南》（GB/Z 19579）标准附录 B 中，组织面临的挑战包括________等方面内容。

A. 法律法规和政策

B. 竞争环境

C. 战略挑战和优势

D. 竞争对手情况

E. 绩效改进系统

6. 对“结果”条款的四个评价要素中，“对比”这一要素的评价要点包括______。

A. 与自己以往的绩效比较

B. 与适宜的竞争对手的绩效比较

C. 与类似组织的绩效比较

D. 与标杆的绩效比较

E. 与行业领先者的绩效比较

五、简答题

1. 《卓越绩效评价准则》标准内容包括哪几大类目的要求？

2. 简述《卓越绩效评价准则实施指南》（GB/Z 19579）标准附录 B 中“组织概述”的作用。

第 7 章　方针目标管理

一、填空题

1. 目标管理的依据是____________和____________。

2. 方针目标管理是组织为实现以质量为核心的__________________，充分调动____________的积极性，通过____________的自我控制与协调，保证实现____________的科学管理方法。

3. 方针目标管理能够承上启下，把企业的____________、____________和____________与企业日常管理有机地结合起来。

4. 方针目标展开时，要做好____________、____________和____________的衔接和对应，上一级措施就是下一级目标。

5. 方针目标横向可按组织的____________展开，要确定主责部门，并对需要________的工作规定具体办法。

6. 方针目标纵向要按组织的________________展开，最后落实到具体实施的____________，制定出每项工作的____________。

7. 组织开展方针目标管理，应遵循____________循环，即包括方针目标的________、________、检查、____________四个环节。

8. 为掌握方针目标的进展情况，要进行检查，检查分__________________和__________两种。

9. 在实施方针目标管理时，下一级部门的负责人要根据上一级部门的课题、目标，结合本部门的实际情况和问题，制定本部门的____________，以及研究完成这些课题和目标的____________。

10. 方针目标的评价可分为________评价和________评价。

二、判断题

1. 方针目标管理为各级各类人员规定了具体而明确的目标，从基层员工到管理人员都要被目标所管理。 （ ）

2. 方针目标管理是组织进行战略部署、实现战略目标的有效方法。 （ ）

3. 方针目标管理体现了管理的系统性，它既关注“关键的少数”，也关注日常工作的进展。 （ ）

4. 方针目标管理是结果导向的管理，达成目标的过程和措施可以由员工自己决定。 （ ）

5. 实施方针目标管理过程中要保存实施情况的记录，实施进程必须要得到确认。 （ ）

6. 方针目标管理检查阶段发现没有解决的问题以及出现的新问题，可在下年度的方针和计划中体现出来，予以落实。 （ ）

7. 方针目标展开中涉及大量的部门和人员，由于立场和角度不同，对同一事物常有分歧看法，这时领导就必须发挥作用，果断决策。 （ ）

8. 方针目标管理是现代管理的一种方法，它可以替代计划职能。 （ ）

9. 方针目标制定的依据是过去的实际成绩、问题两个方面。 （ ）

10. 平衡计分卡是很有价值的管理工具，它是通过一整套财务指标传达战略的方法。 （ ）

11. 目标是在一定期限内要达到的水平或应取得的成果，通常要用量化的指标表示。 （ ）

12. 方针目标的评价可分为自我评价和上级评价，评价的频次根据管理层次不同而有所不同。 （ ）

三、单项选择题

1. 目标管理是在 20 世纪 50 年代由管理专家________提出来的。

A. 朱兰

B. 休哈特

C. 费根堡姆

D. 德鲁克

2. 质量方针是一个组织在质量方面的宗旨和方向，应由组织的＿＿＿＿＿批准发布。

A. 上级机关

B. 最高管理者

C. 质量管理办公室主任

D. 总工程师

3. 在目标管理中，＿＿＿＿＿特点使考评具有了客观标准。

A. 充分授权

B. 结果导向

C. 上下沟通

D. 自我激励

4. 管理大师彼得·德鲁克在＿＿＿＿＿一书中提出了目标管理和自我控制的主张。

A. 《公司的概念》

B. 《卓有成效的管理者》

C. 《管理的实践》

D. 《创新与企业家精神》

5. 平衡计分卡的四个维度不包括＿＿＿＿＿。

A. 供应链维度

B. 财务维度

C. 客户维度

D. 内部业务流程维度

6. 方针目标管理的有关措施和目标，要经上级组织的领导和下级各部门的负责人之间的充分研究，最终由＿＿＿＿＿决定。

A. 上级领导

B. 各部门负责人

C. 执行团队负责人

D. 投票

7. 方针目标横向展开时可以使用的质量工具是__________。

A. 因果图

B. 矩阵图

C. 网络图

D. 关联图

8. 方针目标纵向展开时可以使用的质量工具是__________。

A. 网络图

B. 矩阵图

C. 树图

D. 关联图

9. 在方针目标管理的实施过程出现意外情况时，应及时__________，指导或建议责任人如何更加有效地达成目标。

A. 调整方针目标计划

B. 进行考核

C. 加强监督检查

D. 停止资源提供

10. 如果方针目标管理不能按计划实施，就要__________，采取对策。

A. 终止计划

B. 更换团队

C. 调查原因

D. 补充资源

四、多项选择题

1. 方针目标管理的特点包括__________。

A. 强调系统管理

B. 强调重点管理

C. 注重措施管理

D. 突出计划管理

E. 注重自我管理

2. 方针目标管理是企业经营管理的有效工具，它的作用通常包括________。

A. 帮助组织进行战略部署，实现战略目标

B. 调动企业各级员工的积极性

C. 提高企业管理水平

D. 增强产品竞争力

E. 强化流程标准化程度

3. 确定方针目标管理的重点课题时，通常可以从__________几方面考虑。

A. 组织的战略规划和中长期计划

B. 部门日常工作目标及计划

C. 上一年度方针实施中存在的问题

D. 基层员工的需求和期望

E. 外部竞争环境（市场、顾客和竞争对手等）的变化

4. 年度方针目标计划书通常把__________排列成表，并明确责任和进度要求。

A. 重大课题

B. 措施

C. 目标

D. 控制点

E. 竞争对手

5. 方针目标策划，一般包括确定重点课题、__________等内容。

A. 设定目标

B. 制订方案

C. 方针目标展开

D. 方针目标检查

E. 实施计划制订

五、简答题

1. 简述方针目标管理的特点。

2. 简述方针目标管理在企业经营管理中的作用。

第 8 章　标杆管理

一、填空题

1. 按照标杆的来源不同，标杆管理可以分为_________ 和_________。

2. 组织实施内部标杆管理的关键是企业应具有________文化，可以做到知识与技能在企业内部的共享。

3. 外部标杆通常可分为________与________。

4. 非竞争性标杆管理不以竞争为目的，主要是为了提高管理和业绩水平而采取的________学习与改进过程。

5. 施乐公司的罗伯特·开普将标杆管理过程分为五个阶段：组织策划、________、制定和优化实施方案、________、目标达成与持续改进。

6. 标杆管理的组织阶段包括：________、________、建立工作团队三部分工作。

7. 选择标杆项目必须本身可实现，主要表现在：具有改进潜力、________、________三个方面。

8. 标杆管理工作团队一般分为________和________。

9. 标杆管理的过程数据和________都应该成为组织的知识，在组织内进行分享。

10. 标杆管理的数据库应确保数据和资料的及时性、________、实用性以及数据共享及提取的________。

二、判断题

1. 对标活动是企业的一次性活动。 (　　)

2. 组织的对标管理是以施乐公司的标杆管理为标准。 (　　)

3. 企业选择对标对象必须选择行业最佳实践或者代表最高水平的组织。 (　　)

4. 标杆管理具有广泛的适用性和较高的实用性，适用于任何行业的任何企业。 (　　)

5. 组织实施标杆管理的目的就是超越标杆，成为行业领导者。 (　　)

6. 竞争性标杆管理是以竞争对手为基准的标杆管理。 (　　)

7. 标杆对象一旦确定，就必须始终如一，不能更换。 (　　)

8. 在实施标杆追赶过程中，要尽可能制定高等级目标。 (　　)

9. 高层领导是标杆管理的倡导者，不需要亲自参与实施过程。 (　　)

10. 每一次标杆学习活动之后，应及时总结和评估，并将之用于组织标杆管理体系的建设和完善。 (　　)

三、单项选择题

1. 标杆管理起源于________。

A. 通用电气

B. 施乐公司

C. IBM 公司

D. 摩托罗拉公司

2. 施乐公司的________是标杆管理的先驱者和最著名的倡导者。

A. 罗伯特·开普

B. 杰克·韦尔奇

C. 克劳斯比

D. 费根堡姆

3. 以下不属于内部标杆管理对象的是________。

A. 公司技能标兵

B. 公司劳模

C. 公司高管

D. 公司文化之星

4. 以下不属于标杆管理分类的是________。

A. 内部标杆管理

B. 外部标杆管理

C. 竞争性标杆管理

D. 创新管理

5. 标杆管理三阶段中，属于组织策划阶段的是________。

A. 选择标杆对象

B. 收集标杆数据

C. 组建项目团队

D. 完善数据库

6. 以下不属于标杆管理三阶段的是________。

A. 目标设定

B. 组织策划

C. 项目实施

D. 持续完善

7. 选定标杆项目时，以下能体现所选项目本身可实现的要素是________。

A. 具有战略价值

B. 行业最佳实践

C. 高层领导参与

D. 具有改进潜力

8. 以下哪项不属于标杆追赶活动阶段的工作________。

A. 明确改进目标

B. 寻找最佳实践

C. 制订改进计划

D. 实施改进

9. 以下哪项不属于标杆项目实施阶段的工作________。

A. 选择标杆对象

B. 收集标杆数据

C. 实施标杆追赶

D. 完善数据库

10. 以下不属于实施标杆管理三个阶段的是________。

A. 选择标杆

B. 组织策划

C. 项目实施

D. 持续完善

四、多项选择题

1. 标杆管理的三个阶段是__________。

A. 组织策划

B. 设定目标

C. 项目实施

D. 检查控制

E. 持续完善

2. 在组建项目团队时，应根据项目类型考虑由以下人员组成__________。

A. 高层领导

B. 领队

C. 秘书

D. 专家

E. 其他相关人员

3. 内部标杆管理的主要步骤包括__________。

A. 制定组织战略

B. 制定企业内部绩效标杆的标准

C. 识别企业内部最佳技能技艺等实践

D. 有组织地在内部推广

E. 总结与评估

4. 通常的标杆数据收集渠道和方法有____________。

A. 行业或专业协会

B. 标杆组织的年报

C. 公开报道和出版物

D. 相关方问卷调查

E. 外部专家

五、简答题

1. 企业为什么需要内部标杆管理与外部标杆管理结合起来使用?

2. 在实施标杆追赶时需要注意哪些问题?

第 9 章　六西格玛管理

一、填空题

1. 过程达到6σ 质量水平时，其对应的缺陷率为________ppm（考虑 1.5σ 的偏移）。

2. 六西格玛方法论中，用于过程改进的 DMAIC 方法是定义、__________、________、改进和________这 5 个步骤。

3. 六西格玛 DMAIC 方法论中，分析阶段（A 阶段）的主要内容是通过________分析，确定过程的________影响因素。

4. σ是希腊字母，在统计学中代表________，用来评估产品或过程输出特性________大小。

5. 西格玛水平（不是σ值）是过程能力的一种度量。西格玛值越大，则过程满足质量要求的能力________；反之，西格玛值越小，过程能力就________。

6. 六西格玛管理推进是一项________工程，组织可应用《____________》国家标准，全面评价组织六西格玛管理推进水平。

7. 六西格玛设计用于产品、服务或流程的________阶段，旨在________和减少浪费。

8. 六西格玛管理的倡导者是组织中六西格玛推进的________，一般由组织的________担任。

9. 六西格玛项目是由职责明确的________通过运用________方法（包含但不限于________或________）寻找________并实现预定目标的有明确起止时间的特定过程。

10. 组织在推进六西格玛管理的过程中通常会遇到三种类型的阻力，它们是：________、________和________。

二、判断题

1. DMAIC 中 I 阶段的主要内容包括：确认顾客需求，识别需要改进的产品或流程。 (　　)

2. 在 DMAIC 中 M 阶段，团队应识别并确定影响输出 Y 的关键影响因素 Xs。 (　　)

3. 六西格玛管理能否成功，关键在于项目团队能否正确运用统计工具。 (　　)

4. 六西格玛管理追求的是一种理念，并不要求为企业带来财务回报。 (　　)

5. 六西格玛管理的核心理念之一是基于数据和事实管理。 (　　)

6. 六西格玛管理是 20 世纪 80 年代中期由摩托罗拉公司创立的。 (　　)

7. 六西格玛方法论比较复杂，不利于促进员工职业发展。 (　　)

8. 六西格玛黄带只需参与项目工作，不需要掌握六西格玛基础工具。 (　　)

9. 六西格玛和精益管理两者目标一致、工具互补、管理模式可相互借鉴，两者的融合是必然趋势。 (　　)

10. 组织应建立奖励和认可制度，以促进六西格玛管理的推进。 (　　)

三、单项选择题

1. 6 σ质量水平通常是指过程输出的缺陷率为______，是过程在________运行中出现缺陷的比率。

A. 0.27% 长期

B. 0.27% 短期

C. 3.4ppm 短期

D. 3.4ppm 长期

2. 某生产过程在过去 3 个月内产品一次合格率 FTY 的统计数据为 93.3%，

则该过程的西格玛水平大约为________。

A. 1.5 σ

B. 3 σ

C. 4 σ

D. 6 σ

3. 在 DMAIC 方法论中，通常要用试验设计 DOE 的阶段是________。

A. 测量阶段

B. 分析阶段

C. 改进阶段

D. 控制阶段

4. 以下不属于六西格玛项目立项要求的是________。

A. 项目要支持顾客满意的改善

B. 项目要支持组织目标的实现

C. 项目要为组织带来一定的财务回报

D. 项目要有成熟改进方案且风险较小

5. 以下关于精益六西格玛的陈述，不正确的是________。

A. 精益管理的核心是消除浪费

B. 六西格玛的出发点是减少波动

C. 精益六西格玛就是六西格玛方法论加精益工具

D. 精益六西格玛是两种管理模式的互补和融合

6. 下面哪一项是 DMAIC 方法论测量（M）阶段的工作________。

A. 确定关键质量特性 CTQ

B. 制订控制计划

C. 确定关键影响因素 Xs

D. 验证测量系统的有效性

7. 下面哪一项不是 DMAIC 方法论定义（D）阶段的工作________。

A. 成立项目团队

B. 编制立项表（项目特性任务书）

C. 制定改进措施

D. 估算项目预计财务收益

8. 下面哪一个是六西格玛设计方法论________。

A. DMAIC

B. SPC

C. IDDOV

D. FMEA

9. 以下哪一个不是六西格玛管理组织结构中的关键角色________。

A. 倡导者

B. 黑带

C. 绿带

D. 顾客

10. 以下关于六西格玛项目的陈述，不正确的是________。

A. 黑带或绿带负责六西格玛项目的立项

B. 项目目标应符合 SMART 原则

C. 项目团队成员应来自与项目业务过程相关的部门或业务单元

D. 项目立项时应制订项目计划

11. 当开展了初期的绿带/黑带培训和六西格玛项目实施并取得成功之后，组织应使六西格玛管理从实验性实施向长期管理活动过渡。这一时期通常被称为________。

A. 导入期

B. 加速期

C. 成长期

D. 成熟期

四、多项选择题

1. 六西格玛方法论包括________。

A. 过程改进方法 DMAIC

B. 按 3.4ppm 质量水平控制过程

C. 用统计方法进行抽样检验

D. 过程设计方法 DMADV 或 IDDOV

E. 综合产品开发方法 IPD

2. 六西格玛黑带的职责通常包括________。

A. 制订组织的六西格玛管理推进计划

B. 负责六西格玛管理在组织中的部署

C. 资源配置并建立激励机制

D. 带领团队开展六西格玛项目

E. 为绿带提供培训和指导

3. 推行六西格玛管理的主要目的是________。

A. 使产品或服务达到 3.4ppm 质量水平

B. 追求零缺陷，持续改进

C. 形成关注过程数据说话的组织文化

D. 普及统计质量控制知识

E. 成为获取竞争优势的组织战略

4. 以下哪些是六西格玛管理的核心理念________。

A. 顾客驱动和顾客满意

B. 基于数据和事实管理

C. 无边界合作与突破性改进

D. 注重财务收益

E. 长短期目标平衡

5. 以下哪些是 DMAIC 方法中“控制（C）”阶段的常用工具________。

A. 方差分析 ANOVA

B. 防错

C. 标准化作业 SOP

D. 因果矩阵

E. SPC 控制图

五、简答题

1. 六西格玛管理的主要作用是什么？

2. DMAIC 方法中，定义（D）阶段的主要内容是什么？

第 10 章　精益管理

一、填空题

1. 精益管理是一种基于________需求，以消除________和不断________为核心，使企业以最少的投入取得最佳绩效的一种管理模式。

2. 价值流是指从________转变为________，并赋予________的全部活动。

3. 七种典型浪费之一的过量生产指的是：生产出的产品数量超过了______需求，或生产出________订单的产品。

4. 安灯（ANDON，又称安东）是将生产线各工序的______状态以________的方式反映出来，以便问题及时得到解决。

5. 看板是对生产过程中各工序生产活动进行控制的________。

6. 标准作业的三个要素是________、________和________。

7. 价值流图是一种帮助人们了解__________和__________等价值流构成的________工具。

8. 价值流图有________图和________图之分。________图描绘的是价值流当前的状况。

9. 换型时间是指从上一型号生产批次的________产品生产完成，到下一型号________按节拍生产出来的时间。

10.《组织精益管理评价准则》（T/CAQ 10103-2016）中，组织精益管理框架图的四个构成模块是：驱动要素、________、________、________。

二、判断题

1. 拉动是指严格按计划投入和产出，使顾客能及时得到他们需要的东西。（　）

2. 精益生产的两大支柱是 JIT 和 TPM。（　）

3. 多能工是指那些能操作多种设备的生产作业人员。（　）

4. 精益管理中强调的价值，是从企业经营的角度定义的。（　）

5. 七种浪费中的“不合格品”是指经返工返修后仍达不到要求的那些产品。（　）

6. 精益管理的五个基本原则是正确地确定价值、识别价值流、流动、拉动、尽善尽美。（　）

7. 精益管理的五个基本原则不仅适用于生产过程，也适用于管理过程、服务过程等。（　）

8. 消除浪费的过程是一个追求尽善尽美的持续改进过程。（　）

9. 准时化 JIT 的核心是流动和拉动，以单件流为目标，实现连续流生产。（　）

10. 自働化的核心理念是指充分运用自动控制技术排除人为因素干扰，以保证产品质量。（　）

三、单项选择题

1. 下述关于精益管理的陈述，<u>不正确</u>的是________。

A. 精益管理源自日本丰田生产方式 TPS

B. 消除浪费并使顾客价值最大化是精益管理的核心理念

C. 实现看板拉动是精益管理的最终目标

D. 精益管理强调全员参与持续改进

2. 精益管理五个基本原则中“识别价值流”的含义是________。

A. 将从原材料到成品的生产过程绘制成流程图

B. 找出从原材料到成品的生产过程中最有价值的活动

C. 找出哪些是增值的活动，哪些是非增值的活动

D. 以上陈述均不正确

3. 浪费在日文中被称为 Muda，可分为Ⅰ型 Muda 和Ⅱ型 Muda。以下陈述正确的是________。

A. 不论是Ⅰ型 Muda 还是Ⅱ型 Muda，都是现有技术和条件下不可避免的

B. 不论是Ⅰ型 Muda 还是Ⅱ型 Muda 都应想办法加以消除

C. 在精益改善中，首先要努力消除Ⅰ型 Muda

D. 在精益改善中，首先要努力消除Ⅱ型 Muda

4. 均衡生产的前提不包括以下哪一个________。

A. 工装设备良好

B. 客户订单要均衡

C. 原材料供应准时

D. 操作员技术好、出勤率高

5. 以下准确表达准时化（JIT）含义的是________。

A. 只在必要的时间生产必要数量的必要产品

B. 按照客户需求的时间准时供货

C. 按照下达的生产计划，准时安排生产

D. 上工序必须准时开工，不能断流

6. 自働化是精益生产体系的两大支柱之一，以下关于自働化的陈述，不正确的是________。

A. 自働化的含义是要自律地控制异常情况

B. 自働化的主要理念是：及时在源头控制质量

C. 自働化的主要支持工具之一是防错

D. 自働化一词出自日文，其含义与自动化相同

7. 实现准时化生产 JIT 的必要条件不包括以下哪一个________。

A. 生产线自动化程度较高

B. 消灭缺陷

C. 设备设施完好

D. 生产过程稳定

8. 以下关于价值流图，不正确的是________。

A. 绘制价值流图时主要依据技术文件和生产记录等书面资料

B. 价值流图是协助人们了解物流和信息流的可视化工具

C. 价值流图展示了从原材料到成品再到顾客的所有活动

D. 价值流图便于改善团队了解企业的状态，揭示改进的机会

9. 以下不属于价值流图应用范畴的是________。

A. 识别流程的浪费与非增值

B. 分析流程的相关方

C. 用精益方法设计未来价值流

D. 识别信息流对流程的影响

10. 下述用于价值流图分析（VSM）的符号中，含义表述正确的是________。

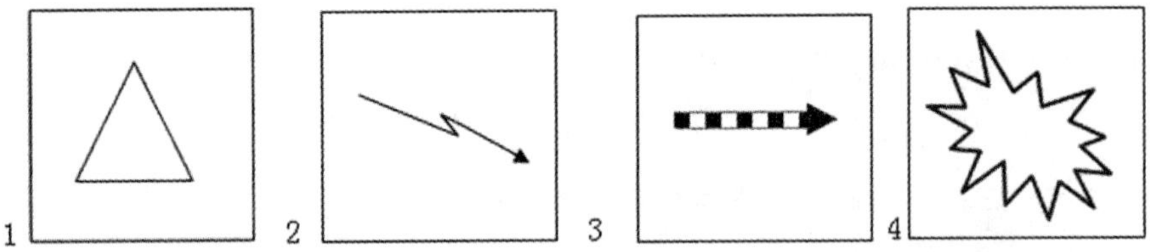

A. 1 库存/在制品　2 电子信息流　3 推动箭头　4 改善点

B. 1 看板信号　2 运输　3 推动箭头　4 控制点

C. 1 库存/在制品　2 电子信息流　3 运输方向　4 改善点

D. 1 采购信息　2 电子信息流　3 推动箭头　4 控制点

四、多项选择题

1. 按照精益思想，缩短交付周期可采取的改善措施包括________。

A. 减少设备故障停机时间

B. 加快设备运转速度

C. 减少返工返修

D. 小批量快速周转

E. 投入更多的设备进行生产

2. 以下哪些工具是精益管理的基础工具________。

A. 5S

B. 目视管理/可视化

C. 标准作业

D. 均衡生产

E. 多能工

3. 关于快速换型 SMED，以下陈述中正确的是________。

A. 换型作业可分为“内换型作业”和“外换型作业”

B. 应尽量将“内换型作业”转变为“外换型作业”

C. 应尽量减少“内换型作业”时间

D. 应设专人完成全部换型作业

E. 应尽量减少手工换型作业

4. 以下方法中，哪些是精益改善常用方法________。

A. 价值流分析 VSM

B. 设备综合效率 OEE

C. 改善提案

D. 节拍时间 Takt Time

E. A3 报告

5. 按照《组织精益管理评价准则》（T/CAQ 10103—2016）以下________构成了组织精益管理的框架。

A. 领导承诺

B. 系统协同

C. 价值流改善

D. 价值实现

E. 驱动要素

五、简答题

1. 企业管理及生产活动中存在哪七种典型的浪费？

2. 什么是标准作业？

第 11 章　现场管理方法

一、填空题

1. 现场管理是指运用科学的管理理论和方法，对现场的人、机、料、法、环、测和信息等要素进行合理有效的计划、______、指挥、______ 、________和______ 。

2. 5S 管理的整理阶段是将现场的物品进行盘点分类，将使用__________和不使用的物品进行处置，以免妨碍现场工作，浪费场地。

3. 目视化管理与 5S 管理相结合的推进过程中，现场应充分考虑实际情况，从__________的需求入手，由浅入深地开展工作。

4. TPM 的小组活动是__________主导型，员工自律完成的小组活动。

5. 设备劣化的形式有__________、__________。

6. 对现有作业进行分析和改善的原则是消除、________、简化、________、________。

7. 标准化作业的三要素是________、__________、__________。

8. 5S 管理是指整理、______、清扫、______和______的简称。

9. 研究物品的取用方法，合理安排所需物品的摆放位置，并根据需要恰当标识的 5S 管理活动是______。

10. 5S 管理的整顿活动应遵循的“三定”原则是：______、______和______。

二、判断题

1. 企业推行 6S 管理活动，这比推行 5S 管理活动的层次要高一些。（　　）

2. 5S 管理中使用“红色标签”的方法是为了将使用频次低、完全不需要物品和防止位置不对、标识错误的常用物品贴上红色标签。（　　）

3. 企业推行 5S、TPM 等现场管理活动，与目视化管理推进没有必然联系。
（　　）

4. TPM 管理是企业管理过程中的一项最基本的管理工具。（　　）

5. TPM 的意义在于改善设备状况，改进人的观念，改良现场工作环境，使企业不断发展进步。（　　）

6. 设备保养就是打扫机器设备，使其保持清洁卫生。（　　）

7. 自动原理是以光、电、力、化学等原理来限制某些动作的执行或不执行 。
（　　）

8. 标准在制品是指维持正常工作进行的最小库存量。（　　）

9. 5S 就是整理、整顿、清扫、清洁、安全。（　　）

10. 对物品进行规划布局，确定存储摆放的场所的活动属于整理的范畴。
（　　）

三、单项选择题

1. 企业现场的群众性质量管理与改进活动可包括________。

A. 小改小革

B. QC 小组活动

C. 合理化建议

D. 以上都是

2. 为达到 TPM“零事故”“零不良”“零故障”“零浪费”的目标，以下是必要条件的是 ________。

A. 事前维修

B. 事后维修

C. 对维修人员培训

D. 预防

3. 以下不是预防保养采用的形式是________。

A. 改良保养

B. 日常保养

C. 定期整备

D. 更新修理

4. 在阻碍设备效率的七大损失中，最难克服的是________。

A. 速度损失

B. 加速损失

C. 慢性损失

D. 故障损失

5. 防错法在________即加以防止，是一种在生产过程中采用自动作用、报警、标识、分类等有效手段，减少或避免作业人员产生差错的方法。

A. 过程差错发生之前

B. 过程差错发生之后

C. 过程差错发生之前和过程中

D. 过程差错发生过程中和之后

6. 交通红绿灯采用的原理是________。

A. 相符原理

B. 顺序原理

C. 复制原理

D. 警告原理

7. 标准作业法步骤包括设定改善目标、__________、作业改善、作业标准化、巩固标准化。

A. 作业观察

B. 现状标准

C. 作业改善

D. 节拍优化

8. 整顿中的“三定”是指________。

A. 定点、定方法、定标示

B. 定点、定容、定量

C. 定容、定方法、定量

D. 定点、定人、定方法

9. TPM 是以________为观察点进行思考。

A. 制造现场

B. 生产人员

C. 设备及物流

D. 产品质量

四、多项选择题

1. 判别目视化管理是否有效的原则是________。

A. 判断结果不会因人而异

B. 显示状态

C. 无论谁都能判明好坏

D. 能够迅速判断，精度高

E. 可以快速找到所需信息和物品

2. 作业标准的要求有________。

A. 明确的工艺流程与布局

B. 各种材料按时、按质、按量到位

C. 明确的人员配置要求

D. 明确的工作程序与作业步骤

E. 现场布局图

3. 标准文件有________。

A. 工序能力表

B. 标准作业组合表

C. 时间观测表

D. 标准作业表

E. 作业流程图

4. 在《企业现场管理准则》（GB/T 29590—2013）标准中，推进要素包括________。

A. 领导作用

B. 战略秉承

C. 员工素质

D. 安全环保

E. 组织保证

5. 5S 管理是现场管理的基础工作，其主要作用有________。

A. 减少损耗

B. 消除隐患

C. 保障安全

D. 改善环境

E. 优化资源

五、简答题

1. 推行 TPM 能给组织带来哪些价值？

2. 推行目视化管理的步骤是什么？

六、计算题

如果注塑机日历工作时间为 8 小时，班前计划停机 20 分钟，更换模具、设备调整用了 30 分钟，故障停机 30 分钟，每件产品理论生产周期为 9 分钟，而实际生产周期为 10 分钟，一天共生产产品 32 件，废品 2 件。求设备的时间利用率、设备性能率、合格品率以及设备综合效率。

第 12 章　质量管理小组活动

一、填空题

1. QC 小组就是由生产、服务及管理等工作岗位的员工自愿结合，围绕组织的______________、______________和现场存在的问题，以________________、_________________、_________________、提高人的素质和经济效益为目的运用______________开展活动的团队。

2. QC 小组活动的特点突出表现为明显的____________、广泛的__________、高度的____________和严密的____________ 。

3. 根据问题是否发生可将课题分为_______________和_______________两种类型。

4. 开展 QC 小组活动，应遵循_______________、持续改进、遵循 PDCA 循环、基于客观事实和应用统计方法五个原则。

5. 问题解决型课题就是 QC 小组针对已经发生的不合格或不满意的______、______或____________存在的问题进行质量改进，所选择的质量管理小组课题。

6. 创新型课题就是 QC 小组针对现有的________、________、________ 等不能满足实际需求，运用新的思维研制______、______、________、________，所选择的 QC 小组课题。

7. ____________________，是 QC 小组活动能够持续发展的最为重要的支撑条件。

二、判断题

1. QC 小组是群众性活动，也是组织的自主行为，推进 QC 小组活动持久、有效、健康地发展，是组织领导和有关部门的职责。 (　　)

2. QC 小组的课题来源于上级下达的指令性课题和质量部门推荐的指导性课题。 (　　)

3. QC 小组等同于行政班组，其组建需经行政批准。 (　　)

4. QC 小组活动成果评价不仅看重经济效益，也注重社会效益方面。 (　　)

5. QC 小组活动通常会产生有形成果和无形成果。 (　　)

6. 诞生于我国的第一个 QC 小组是北京内燃机厂的曲拐轴小组。 (　　)

三、单项选择题

1. 通常所说的 QC 小组活动的“四阶段八步骤”中的四个阶段包含________个步骤。

A. 6

B. 7

C. 8

D. 10

2. QC 小组活动成果发表的作用是________。

A. 联谊交流，相互启发，共同提高

B. 展示 QC 小组活动的技巧和方法，推广应用

C. 鼓足士气，满足小组成员自我实现的需要

D. A+B+C

3. QC 小组活动起源于________。

A. 日本

B. 美国

C. 中国

D. 韩国

4. QC 小组从选题到完成，每个课题的活动周期一般为________左右。

A. 3 个月

B. 6 个月

C. 9 个月

D. 12 个月

5. QC 小组活动基本程序通常包含四个阶段，这“四个阶段”是指________。

A. ADLI（方法—展开—学习—整合）四个阶段

B. LeTCI（水平—趋势—对比—整合）四个阶段

C. SDCA（标准化—实施—检查—处置）四个阶段

D. PDCA（策划—实施—检查—处置）四个阶段

6. 当 QC 小组成员发生严重分歧时，应优先考虑________。

A. 鼓励他们为了小组的和谐忽略分歧

B. 通过沟通，消除分歧达成一致

C. 小组内尽快投票决定

D. 寻求小组外部力量解决

四、多项选择题

1. 开展 QC 小组活动应遵循的原则有________。

A. 全员参与

B. 持续改进

C. 遵循 PDCA

D. 持续精益

E. 基于客观事实和应用统计方法

2. QC 小组活动中常用的简易工具有________。

A. 排列图

B. 柱状图

C. 饼分图

D. 折线图

E. 雷达图

3. 国际质量管理小组大会（ICQCC）是于 1976 年由________三家组织共同发起的。

A. 日本科学技术联盟

B. 韩国标准化协会

C. 中国质量协会

D. 新加坡质量学院

E. 财团法人先锋质量管理学术研究基金会

4. 根据课题来源，QC 小组活动的课题类型一般包括________。

A. 自主性课题

B. 上级下达的指令型课题

C. 现场型课题

D. 质量部门推荐的指导性课题

E. 管理型课题

5. QC 小组活动的特点有________。

A. 高度的民主性

B. 严密的科学性

C. 广泛的群众性

D. 明显的自主性

E. 清晰的目标性

五、简答题

1. 什么叫 QC 小组？其特点表现在哪些方面？

2. QC 小组活动遵循 PDCA 循环，其基本步骤有哪些？

第 13 章　质量工具概述

一、填空题

1. 质量工具可以分为两大类，一类是帮助建立解决质量管理问题的思路的工具，另一类则是涉及如何分析和处理过程或产品中的________工具。

2. 许多质量工具是以________作为基础对数据进行分析和判断的，因此在运用工具前，先应明确所针对的数据是________的。

3. ________是指为解决质量方面存在的问题和不断改进而采用的方法和技术，通常是把某些成功的管理实践进行整理和程序化处理，使之成为普遍适用的方法。

4. 帮助建立解决质量管理问题思路的工具，如________、________等，并不针对过程或产品中的数据，而是更强调一种________，强调要跳出框框，更多用在管理和策划活动中。

二、单项选择题

1. 检查表主要应用于________。

A. 数据采集

B. 数据整理与分析

C. 过程分析

D. 原因分析

2. 显示产品质量特性波动分布状态可采用________。

A. 流程图

B. 排列图

C. 因果图

D. 直方图

三、多项选择题

1. 用于过程控制活动的质量工具有________。

A. 关联图

B. 直方图

C. 因果图

D. 过程能力分析

E. 检查表

2. 适用于分析原因的质量工具有________。

A. 流程图

B. 分层法

C. 过程能力分析

D. 控制图

E. 树图

3. 以下可用于对收集到的数据进行整理和分析的工具有________。

A. 直方图

B. 运行图

C. 排列图

D. 散布图

E. 因果图

4. 以下可用于讨论和识别引起质量问题的可能原因的方法有________。

A. 头脑风暴法

B. 因果图

C. 检查表

D. 亲和图

E. 控制图

5. 用于原因分析的工具有________。

A. 因果图

B. 关联图

C. 系统图

D. 因果矩阵

E. 控制图

四、简答题

1. 质量管理工具中有一类主要用于管理和策划的，试举出一些这类质量工具的实例。

2. 运用质量管理工具要注意什么问题?

第 14 章　统计技术基础

一、填空题

1. 按照对客观事物测度的精准水平，可将计量尺度从粗略到精准分为四个层次：__________、__________、__________、__________。

2. 凡是可以连续取值的数据，为__________。

3. 通过计数个数的方法取得，不能连续取得的数据称为__________。

4. 样本均值和样本中位数是对样本数据__________的描述。

5. 样本标准差、样本极差是对样本数据__________的度量。

6. 统计推断常用的方法有__________和__________。

7. 总体中每个个体都有相同的机会被抽取出来所组成的样本称为__________。

8. __________的数值越小，说明总体数据的波动越小，数据的分布越集中。

9. 定量数据主要可分为__________和__________两大类。

二、判断题

1. 通过计数个数的方法得到的数据称为计数值。　　（　　）

2. 样本标准差的数值越小，说明总体数据的波动越小，散布情况越集中。　　（　　）

3. 样本是总体的子集。　　（　　）

4. 参数估计是针对关于总体的假设，利用样本数据对总体作出推断。　　（　　）

5. 样本方差、样本众数、样本极差都是对样本数据分散程度的描述。 (　　)

6. 产品直径、燃油温度、喷枪型号、瓶子容积都是计量数据。 (　　)

7. 假设检验是利用样本数据对总体的假设进行推断，进而得出接受或拒绝总体假设的结论。 (　　)

8. 第一类错误是指原假设本来是正确的，但是却作出拒绝原假设的结论。

(　　)

9. 第二类错误发生的概率通常用α表示。 (　　)

10. 已知总体均值和总体标准差，可以确定总体分布。 (　　)

三、单项选择题

1. 下表是一个分组样本，其样本均值近似为________。

分组区间	(35，45]	(45，55]	(55，65]	(65，75]
频数	3	8	7	2

A. 50

B. 54

C. 62

D. 64

2. 设 10 个数据的均值为 9.26，如今又得第 11 个数据为 9.92，则此 11 个数据的均值为 ________。

A. 9.23

B. 9.32

C. 9.74

D. 9.59

3. 平均值是描述数据集中程度的特征值。如果抽样发现样本均值较之前抽样得到的样本均值有少许提高，则下述陈述正确的是________。

A. 总体均值提高

B. 总体均值不变

C. 总体均值下降

D. 尚不能确定总体均值是否有显著性变化

4. 从一个总体中随机抽取了两个样本，第一个样本的样本容量为 5，样本均值为 158，第二个样本的样本容量为 25，样本均值为 152，若将它们合并成一个样本，其样本均值为________。

A. 153

B. 154

C. 155

D. 156

5. 在数据分类中，按照数据的属性有计量型和计数型两种类型，下列属于计量型数据的是________。

A. 顾客响应时间

B. 不合格零件数

C. 产品合格率

D. 产品的缺陷数

6. 下列四个统计量中，反映数据中心位置的是________。

A. 方差

B. 均值

C. 极差

D. 标准差

7. 调查 100 个家庭中拥有电视机台数的频数如下：

台数	0	1	2	3
家庭数	3	51	39	7

则平均每个家庭拥有电视机的台数为________。

A. 1.5

B. 1.41

C. 1.2

D. 1.65

8. 加工某一零件需经过三道工序，已知三道工序的一次合格品率分别为 98%、97%、95%，若各道工序互不影响，则最终产品的一次合格品率是________。（注：

一次合格品率是指一次就达到质量要求未经返工返修处理的合格率。)

A. 98%

B. 97%

C. 90.3%

D. 95%

9. 在假设检验中，接受原假设时，可能________错误。

A. 犯第一类

B. 犯第二类

C. 既犯第一类，又犯第二类

D. 不犯任一类

10. 描述过程分布中心位置的变量有均值、中位数和众数，对于正态分布，三个变量之间的关系是________。

A. 三者相等

B. 均值和中位数相等，和众数不相等

C. 三者互不相等

D. 不能作出判断

四、多项选择题

1. 下列属于计数型数据的是________。

A. 试验器皿的容积

B. 不合格零件数

C. 产品合格率

D. 铸件的缺陷数

E. 不合格焊缝的长度

2. 下列五个统计量中，描述数据波动大小的是________。

A. 方差

B. 极差

C. 众数

D. 标准差

E. 中位数

3. 可以作为原假设的命题有________。

A. 两个总体方差相等

B. 两个样本均值相等

C. 总体不合格品率不超过 0.01

D. 样本的不合格品率不超过 0.05

E. 总体均值大于等于 0.3

4. 统计推断中所发生的第 I 类错误是________。

A. 把正常判为异常

B. 把异常判为正常

C. 弃真

D. 取伪

E. 以上都不对

5. 测得某批电阻中五个电阻的阻值分别为 8.1、7.9、8.0、8.1、8.2，则下列叙述正确的是________。

A. 样本极差为 0.3

B. 样本中位数为 8.1

C. 样本均值为 8.06

D. 样本众数为 8.0

E. 样本标准差为 0.3

五、简答题

1. 什么是计量数据和计数数据？怎样区分它们？

2. 描述数据中心位置和分散程度的统计量有哪些？

六、计算分析题

1. 一组数据“6、7、8、10、12”，求它们的平均值、中位数、极差和标准偏差。

2. 从一个总体中随机抽取两个样本，一个样本的样本量为 20，样本均值是 158，另一个样本的样本量为 10，样本均值为 152，若将它们合并为一个样本，求样本均值。

第 15 章　过程分析与数据收集

一、填空题

1. 流程图中，符号表示________，符号表示________，符号表示________。

2. 绘制流程图时要选择开始与结束点，确定过程的________和________。

3. 用流程图可展示过程中各个________之间的逻辑顺序、相互关系和其他过程的接口。

4. 流程中的________，是指某一点的工作负荷大大超过此处的处理能力，从而延缓了整个工作进度。

5. ________，是不仅把过程的每一步活动表示出来，还显示由谁（哪个职能部门）来执行这个活动。

6. ________抽样法，即总体中每个个体被抽到的机会是相等的。

7. ________抽样法，即把总体按一定方式结合成多个群体，抽取其中若干群体，对抽中的群体进行全数测量。

8. ________的作用，是系统地收集和积累有关数据和信息，为分析、控制和改进产品及过程提供基础。

9. 调查表格的基本要求是：________、________、________。

二、判断题

1. 流程图主要用作过程的沟通，不能识别过程中的不合理或改进之处。

（　　）

2. 流程图的作用不仅在于过程分析，在质量管理各个环节都是有效的基础性工具。（　）

3. 流程中的“瓶颈”是指某一点的工作负荷大大超过了此处的处理能力，从而延缓了整个流程的工作进度。（　）

4. 过程的稳定状态是指人、机、料、法、环、测各个因素都处于受控状态。（　）

5. 数据收集是要付出成本的，包括资金、人力、时间、技术等多方面资源。（　）

6. 样本量的大小与样本推断总体的风险之间，关系不确定。（　）

7. 样本量越大，用样本特性值推断总体的风险相对就小。（　）

8. 问卷调查将量化数据转化为非量化数据，以便进行深入的统计分析。（　）

9. 制作调查表应保证收集数据的准确、全面、可追溯。（　）

10. 过程思维是指关注产品形成的过程，而不是仅在过程的终端实施控制。（　）

三、单项选择题

1. 流程图用________符界定了所要研究的过程。

A. 开始(终止)

B. 过程(活动)

C. 决策

D. 流程线

2. 流程中的________，是指某点的工作负荷大大超过此处的处理能力，从而延缓了整个工作进度。

A. 缺陷

B. 瓶颈

C. 冗余

D. 症结

3. 工序分布调查表相当于简化了的________。

A. 控制图

B. 因果图

C. 直方图

D. 排列图

4. 一般来说，样本量大小与以样本特征值推断总体的风险之间的关系是________。

A. 样本量越大，样本特征值推断总体的风险越小

B. 样本量越小，样本特征值推断总体的风险越小

C. 样本量大小和样本特征值推断总体的风险，没有关系

D. 样本量大小和样本特征值推断总体的风险，关系不确定

5. 现状调查是为了________。

A. 为目标设定提供依据

B. 为原因分析提供依据

C. 为制定对策提供依据

D. 为效果检查提供依据

6. 流程图是用图形的方式表示所要研究的________。

A. 数据

B. 过程

C. 总体

D. 样本

7. 调查表是质量管理老七种工具之一，下述调查表的主要用途是________。

A. 数据采集

B. 数据分析

C. 原因分析

D. 提出改进措施

8. 流程图中表示过程（活动）的符号是________。

A. 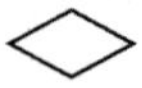

B. 

C. 

D. 

9. 流程图中表示决策的符号是________。

A. 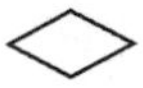

B. 

C. 

D. 

10. 流程图中表示文件的符号是________。

A. 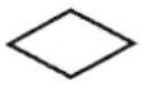

B. 

C. 

D. 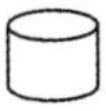

四、多项选择题

1. 为了达到对过程进行分析的目的，绘制的流程图应反映出________。

A. 关键环节

B. 瓶颈过程

C. 非增值活动

D. 绘图人员

E. 绘制时间

2. 常见的收集数据的方法有________。

A. 直接测量

B. 问卷调查法

C. 直方图

D. 焦点问题小组

E. 抽样

3. 收集数据时可采用的抽样方法包括________。

A. 随机抽样

B. 分层抽样

C. 整群抽样

D. 抽样检验

E. 假设检验

4. 调查表格的基本要求是________。

A. 详细

B. 明确

C. 全面

D. 方便

E. 有量化指标

5. 调查表基本上应包含的部分有________。

A. 对调查目的的说明

B. 对收集信息要求的说明

C. 记录位置

D. 对数据分析的要求

E. 对调查人员的要求

五、简答题

1. 请描述流程图的定义，以及流程图的作用。
2. 调查表的作用是什么？编制和运用调查表的基本步骤。

第 16 章　数据整理与分析

一、填空题

1. 用来描述数据分布特征的图形是________。

2. 散布图是用来分析成对连续变量之间________的图形。

3. 对比中位数和平均值，________更易受到极值的影响。

4. 一组数据最大值与最小值的差值，称之为________。

5. 直方图适用的数据类型是________。

6. 一组数据：5 8 10 7 8，中位数是____，众数是____。

7. 对于一组左偏分布的数据，中位数应________平均值。

8. 使用体重与身高数据作散布图，两者之间应是______ 关系。

9. 用来反映数据随时间变化的规律和趋势的图形是________。

10. 一组严重右偏分布的数据，绘制的直方图呈现________。

11. 排列图的目的是寻找引发 80%质量问题的________。

12. 重要度-绩效分析是用于分析各个质量特性的________与________之间关系的工具，帮助选择优先改进的领域。

二、判断题

1. 散布图呈现强相关，说明两个变量间有显著的因果关系。　　（　　）

2. 平均值与中位数相等，说明数据是对称分布的。　　（　　）

3. 数据标准差与方差的量纲相同。 （　）

4. 数据平均值代表该组数据中有 50%的数据大于平均值。 （　）

5. 极差不会受到极值的影响。 （　）

6. 运行图与折线图功能相同，可互换使用。 （　）

7. 散布图的结论仅限于数据的取值范围内，不能随意外扩。 （　）

8. 标准差、方差和极差是用来描述数据分散程度的统计量。 （　）

9. 直方图的分组数应根据收集的样本量来确定。 （　）

10. 排列图是按重要性排序显示各个原因变量的作用，从而识别改进机会的一种工具。 （　）

三、单项选择题

1. 某地区的居民月收入服从单峰的右偏分布，统计显示其众数为 2000 元，均值为 2500 元。以下结论，错误的是________。

A. 至少 50%的人月收入高于 2500 元

B. 收入分布的中位数在 2000 元至 2500 元之间

C. 至少 50%的人月收入低于 2500 元

D. 月收入在 2000 元左右的人占居民的多数

2. 描述过程中心时，使用平均值或中位数，下列说法正确的是________。

A. 任何情况下，“中位数”都不如“平均值”有代表性，还是使用平均值更好

B. “中位数”与“平均值”基本上相等，用哪个都差不多

C. “中位数”比“平均值”计算简单且统计误差要小，应当使用中位数

D. 对于严重偏斜或异常值较多的分布，“中位数”比“平均值”更有代表性，否则用平均值更具有代表性

3. 统计资料显示，我国男性平均寿命已达 71 岁。由于寿命数据一般是右偏分布，以下说法正确的是________。

A. 平均寿命为 71 岁，说明我国男性有 50%能够活到 71 岁

B. 右偏分布中位数比均值更能代表位置，所以要分析我国男性寿命的中位数，寿命能够达到中位数的人数占 50%

C. 平均寿命为71岁，说明我国有多于50%的男性寿命能达到71岁

D. 右偏分布众数比均值更能代表位置，所以要分析我国男性寿命的众数，寿命能够达到众数的人数占50%

4. “样本最大值和最小值之间的差异”，描述的是________。

A. 样本方差

B. 样本标准差

C. 样本误差

D. 样本极差

5. “当所有值按照升序排列后的中间值”指的是________。

A. 平均值

B. 中位数

C. 众数

D. 标准差

6. 下列关于散布图的描述中，哪一个是错误的 ________。

A. 可以用来分析某个流程输出特性与某个流程输入因素之间的关系

B. 可以用来分析两个流程输出特性之间的关系

C. 只适用于分析流程输出特性与输入因素之间的线性关系

D. 需要成对地搜集变量的数据值

7. 某银行欲研究该行的客户存款现状，将所有的社区客户作为总体进行研究，则比较合理的抽样方法是________。

A. 从该行现有的所有客户中随机抽取

B. 从该行现有的社区客户中随机抽取

C. 根据年龄、客户等级等按照比例从社区客户中抽取

D. 从该行中抽取储蓄存款数额前500位的社区客户

8. 近几年居民收入的差距越来越大，为了解某市居民收入状况，随机抽取1.2万户居民，记录他们的年收入。下列统计量用于描述该地区居民收入的差距状况，且受异常值影响最小的是________。

A. 样本中位数

B. 样本极差

C. 样本四分位间距

D. 样本标准差

9. 某直方图的分组样本，其分组区间（35，45）（45，55）（55，65）（65，75），频数分别为：3 8 7 2，则其样本均值近似为________。

A. 50

B. 54

C. 62

D. 64

10. 在选择质量改进项时，需要综合考虑质量绩效水平和重要度两方面因素，以确定改进的优先顺序，以下____________________工具可帮助我们解决此问题。

A. 绩效指数

B. 绩效矩阵

C. 重要度-绩效分析

D. 矩阵数据分析法

四、多项选择题

1. 用来描述数据分布中心的常见统计量包括________。

A. 平均值

B. 变异系数

C. 中位数

D. 众数

E. 标准偏差

2. 关于统计量的陈述，正确的说法是________。

A. 平均值的优点是不受极大或极小的观测值的影响

B. 众数是样本中出现次数最多的观测值，因此它肯定存在

C. 极差忽略了最大值和最小值之间的所有信息

D. 方差对极值很敏感。因平方的缘故，极值会严重地放大方差

E. 中位数的优点是不受极大或极小的观测值的影响

3. 关于散布图，以下说法不正确的是________。

A. 散布图可以分析两个连续变量之间的相关关系

B. 散布图呈现强相关关系，则两个变量之间存在因果关系

C. 散布图可以帮助了解过程数据的分布

D. 散布图呈现不相关关系，则两个变量一定不相关

E. 散布图适用于连续型数据

4. 关于数据的描述，以下说法正确的是________。

A. 对称分布的数据，均值和中位值相等

B. 右偏分布的数据，均值<中位数

C. 右偏分布的数据，均值>中位数

D. 左偏分布的数据，均值<中位数

E. 左偏分布的数据，均值>中位数

5. 关于直方图，以下说法正确的是________。

A. 直方图可以帮助了解过程数据的分布特征

B. 直方图适用于连续型数据

C. 直方图的功能与运行图类似

D. 直方图可以反映数据随时间的变化

E. 直方图的分组可以自主确定

五、简答题

1. 请说明直方图通常反映的异常分布类型（请至少列出五种类型），以及对应的可能异常因素。

2. 请简单说明散布图的使用功能以及分类。

3. 重要度-绩效分析图中Ⅰ、Ⅱ、Ⅲ、Ⅳ象限是如何划分的？落入Ⅰ和Ⅱ象限的质量特性应如何对待？

4. 什么叫绩效综合指数？

六、计算分析题

1. 收集某过程的数据绘制直方图如下，过程均值为 12，标准差为 0.15，请

说明直方图的形状类型并计算当前过程能力 C_p。

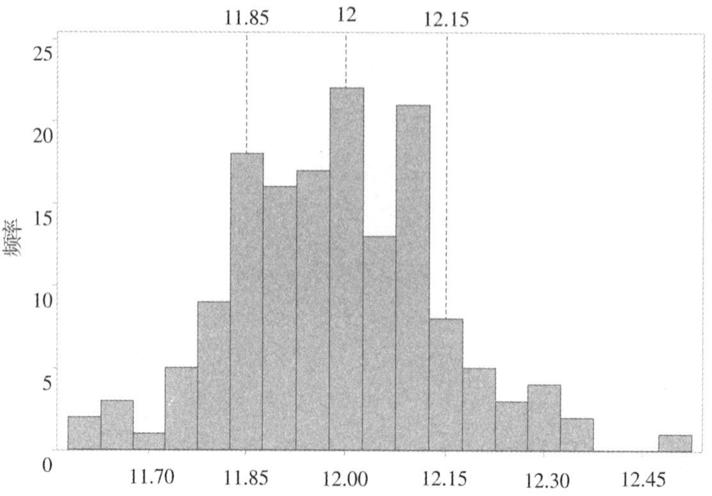

2. 企业按时间顺序收集了一组数据：21 20 15 17 21 9 2 5 7 7，请绘制运行图分析数据随时间的变化趋势。

第 17 章　原因分析与解决方案

一、填空题

1. 因果图又被称为鱼刺图或鱼骨图，发明人是日本的________。

2. 管理类因果图一般从四个方面寻找原因，分别是：____________、政策、________、________。

3. 因果矩阵中对于输出特性或缺陷的重要度评分，赋值范围是________。

4. 因果矩阵中输入变量与输出特性的相关性评分为 9，说明两者之间属于________。

5. 制造类因果图一般按 5M1E 进行原因分析，其中“E”代表________。

6. 质量功能展开（QFD）可以用来将顾客需求转化为________。

7. 失效模式与影响分析（FMEA）是在产品设计和过程设计阶段，用来________________。

8. 头脑风暴法要遵循的四条原则是：自由畅想、避免批评、________、互相融合。

9. 头脑风暴法需遵循的基本原则为：自由畅想、__________、多多益善、________。

10. 亲和图是一种把收集到的大量有关某一主题的意见、观点、想法和问题，按它们之间相互亲近关系加以________ 、________的一种图示技术。

二、判断题

1. 为获得更多的想法，参加头脑风暴的人员应越多越好。　　　（　　）

2. 为保证意见的有效性，参加头脑风暴的人员应对彼此的意见提出评论意见。（　　）

3. 亲和图的目的是将收集到的信息进行分类汇总。（　　）

4. 因果图的原因分类应严格遵循人、机、料、法、环、测，不能随意更换。（　　）

5. 因果图进行原因分析，一般只需要展开一层原因即可。（　　）

6. 因果矩阵中输出变量和输入变量的相关性赋值为 0，说明两者之前没有明显的相关。（　　）

7. 可以通过将原因更换为方案，结果调整为评价准则，将因果矩阵转换为方案解决矩阵。（　　）

8. 原因分析的常用方法包括：因果图、因果矩阵、QFD 等。（　　）

9. 因果图用于寻找引起质量问题的可能原因。（　　）

10. 头脑风暴的过程强调自由畅想，领导与一线员工有同等的发表想法的机会。（　　）

三、单项选择题

1. 因果矩阵中代表质量问题重要度最高的赋值是________。

A. 10

B. 5

C. 1

D. 0

2. “两图一表”包括：因果图、对策表和________。

A. 因果矩阵

B. 运行图

C. 直方图

D. 排列图

3. 服务业因果图分析时，“4P”指的是人员、程序、政策和 ________。

A. 环境

B. 测量

C. 场所

D. 方法

4. 亲和图一般和________方法配合使用。

A. 排列图

B. 控制图

C. 过程能力

D. 头脑风暴

5. 以下不是用来进行因果分析的方法是________。

A. 因果图

B. 因果矩阵

C. 5Why

D. 亲和图

6. 在使用因果矩阵分析时，矩阵的左侧应填入________。

A. 质量问题

B. 潜在原因

C. 顾客需求

D. 改善方案

7. 因果矩阵如下表，请问 X1 的重要度是________。

重要度	9	5	5	重要度排序
	Y1	Y2	Y3	
X1	9	1		
X2	3	1		
X3	1	3	9	

A. 10

B. 9

C. 86

D. 13

8. 质量功能展开一般是用来________。

A. 原因分析

B. 过程控制

C. 将顾客需求转换成技术要求

D. 顾客需求调查分析

9. 质量功能展开中的屋顶反映________。

A. 顾客需求与技术要求的相关关系

B. 潜在原因与质量问题的相关关系

C. 技术要求之间的相关关系

D. 顾客需求的重要程度

10. 头脑风暴法通常和以下________工具联合使用。

A. 直方图

B. 亲和图

C. 控制图

D. 运行图

四、多项选择题

1. 以下哪些工具与因果图功能类似________。

A. 关联图

B. 因果矩阵

C. 亲和图

D. 散点图

E. 控制图

2. 做因果矩阵分析，以下说法正确的是________。

A. 确定质量问题的重要度

B. 评价原因变量与结果变量的相关性

C. 确定质量问题的测量方法

D. 将变量间的相关度和结果变量的重要度相乘并累加得到原因变量的重要度权重

E. 将成员的意见分类汇总

3. 因果图的分析过程中不包括以下________。

A. 阐明要分析的质量问题

B. 收集产品测量数据

C. 将质量问题放在因果图右侧

D. 寻找潜在原因

E. 评估原因与问题之间的相关程度

4. 头脑风暴法的应用步骤可分为________三个阶段。

A. 调查阶段

B. 准备阶段

C. 创造性思维阶段

D. 整理阶段

E. 顾客调查阶段

5. 针对质量问题，部门领导希望成员积极发表意见，同时希望将成员们的意见分类汇总，这时可用的方法包括________。

A. 头脑风暴法

B. 排列图

C. 亲和图

D. 假设检验

E. 质量功能展开

五、简答题

1. 请简要说明因果图的绘制步骤。

2. 请简要介绍亲和图的功能。

第18章　统计过程控制

一、填空题

1. 企业对产品关键质量特性（连续数据）进行监控，由于产品批量不高，可以采用________控制图。

2. 过程能力 C_p 的计算公式是________。

3. 在使用均值-极差控制图时，应先对________进行分析。

4. 过程能力 C_p 与 C_{pk} 差异很大，说明________________。

5. 如果将一个点超出控制界限的情况判为过程稳定，则误判的概率是________。

6. 在计算过程能力 C_p、C_{pk} 时，应保证采集数据时________。

7. 在控制图中，上控制界限用符号________表示；中心线用符号________表示；下控制界限用符号________表示。

8. 在生产制造过程，导致质量特性波动的因素根据来源的不同，可分为________、________、________、________、________、________6 个方面，简称为 5M1E。

9. 统计过程控制就是应用________对过程中的各个阶段进行________，从而达到改进与保证________的目的。

10. 常规控制图的种类很多，一般按数据的性质分成____________控制图和________控制图两大类。

二、判断题

1. 控制图稳定说明过程可以输出合格产品。 ( )

2. $C_p=1.67$，说明过程能力充分。 ( )

3. 使用均值-极差控制图，应先分析均值图，再分析极差图。 ( )

4. 使用 c 或 u 控制图时，应使用 4 个判别准则进行判断。 ( )

5. 如果控制界限使用 2σ 替代 3σ，会导致虚报警概率增加。 ( )

6. 控制图确定合理子组的原则是组内波动大于组间波动。 ( )

7. 对产品的缺陷数量进行监控，可以使用 p 控制图。 ( )

8. 过程能力指数 C_{pk} 小于等于 C_p。 ( )

9. C_p 是衡量过程能力的指数，它考虑了过程波动与规范限的比较，同时也考虑了偏移。 ( )

10. 质量波动是完全可以避免的，只要控制住影响过程（工序）质量的 6 个因素。 ( )

三、单项选择题

1. 绘制控制图时，确定合理子组的基本原则是________。

A. 子组大小最好应控制在 6 以下

B. 组内波动应大于组间波动

C. 子组内应不存在差异

D. 子组内的波动应由随机因素导致

2. 企业准备采用控制图监控半导体的生产，每天统计报废产品数量，且每天产量变化，应使用的以下控制图是________。

A. p 图或 np 图

B. 只能使用 p 图

C. 使用 c 图或 u 图

D. 只能使用 u 图

3. 常规控制图一般有 8 个判断异常的检验准则，假设每个检验的虚发警报概率都是0.27%，且每个虚发警报都是独立的，那么同时使用8个检验准则，则虚发警报的概率会增加至________。

A. 0.5%

B. 1%

C. 2%

D. 3%

4. 从生产线上收集一周的数据，汇总如下表，如果实施统计过程控制，选择以下控制图最合适的是________。

日期	周一	周二	周三	周四	周五	周六	周日
不合格品数	8	5	7	4	9	6	7
产量	278	267	280	295	287	258	288

A. 均值-极差控制图

B. np控制图

C. p控制图

D. u控制图

5. 普通因素通常引起过程随机波动，下面属于普通因素的是________。

A. 错误的工具

B. 不适当的材料

C. 机器的不适当调整

D. 材料硬度的微小变化

6. 某工程师经过分析，选择使用Xbar-S控制图进行过程控制，构造该控制图时正确的抽样方式是________。

A. 以最方便的方式抽取子组，子组大小为10

B. 在生产线上随机抽取子组，子组大小为5

C. 按照生产次序抽取子组，子组大小为10

D. 按照生产批次抽取，子组大小为5

7. 控制图的上下控制限与上下公差限的关系是________。

A. 上下控制限的范围一定与上下公差限的范围相同

B. 上下控制限的范围一定比上下公差限的范围宽

C. 上下控制限的范围一定比上下公差限的范围窄

D. 上下控制限的范围与上下公差限的范围是相互独立的

8. 供应商提供的垫片厚度对产品质量特性的影响较大，垫片厚度的公差要求是12±1mm，供应商提供的过程能力报告中说明：$C_p = 1.33$，$C_{pk} = 1.00$，对于垫片的生产过程可以得出结论________。

A. 平均值偏离目标大约 0.25mm

B. 平均值偏离目标大约 0.5mm

C. 平均值偏离目标大约 0.75mm

D. 以上都不准确

9. 对于一个稳定的分布为正态的生产过程，计算过程能力指数 $C_p = 1.65$，$C_{pk} = 0.92$。应该对生产过程作出下列判断________。

A. 过程的均值偏离目标太远，且过程的标准差太大

B. 过程的均值偏离目标太远，过程的标准差尚可

C. 过程的均值偏离目标尚可，但过程的标准差太大

D. 对于过程的均值偏离目标情况及过程的标准差不能作出判断

10. 从 SPC 的角度看，一个合格的过程应当具备的条件是________。

A. 过程处于统计控制状态

B. 具有足够的生产能力

C. 过程处于统计控制状态并具有足够的过程能力

D. 过程处于统计控制状态，不必考虑过程能力

四、多项选择题

1. 下列情况中可以判异的有________。

A. 连续 5 点中有 4 点落在中心线同一侧的 B 区以外

B. 连续 15 点落在中心线两侧的 C 区内

C. 连续 9 点落在中心线同一侧

D. 连续 3 点递增或递减

E. 连续 14 点中相邻点交替上下

2. 以下关于规范限和控制限的说法中，正确的是________。

A. 规范限来自客户要求，而控制限基于过程波动

B. 规范限是对单个产品而言，控制限是由统计量设定的

C. 规范限用于判定是否合格，控制限用于判定过程是否稳定

D. 规范限来自顾客需求，所以比控制限范围宽

E. 规范限与控制限的定义类似，两者具备相同的功能

3. 下列关于过程能力指数的分析，正确的是________。

A. 若计算出的 $C_p = 0.89$，$C_{pk} = 0.84$，则说明该过程 σ 太大，应首先考虑降低该过程的波动

B. 若计算出的 $C_p = 1.5$，$C_{pk} = 0.84$，则说明该过程均值偏离规范中心太多，应首先考虑改善过程均值，使之靠近规范中心

C. 若计算出的 $C_p = 0.89$，$C_{pk} = 0.32$，则说明该过程的均值和 σ 均有问题，既应考虑改善过程均值，也应设法降低过程波动

D. 若计算出的 $C_p = 0.32$，$C_{pk} = 0.32$，则说明该过程的均值和 σ 均有问题，应首先设法降低过程波动，然后考虑改善过程均值

E. 只要 C_{pk} 的计算结果 <1.33，应该首先考虑降低过程波动

4. 过程能力的大小与过程的波动有很大关系，以下哪种说法是正确的________。

A. 过程的标准差越大，过程能力越小

B. 过程的标准差越大，过程能力越大

C. 过程的标准差越小，过程能力越小

D. 过程的标准差越小，过程能力越大

E. 过程能力的大小与过程标准差无关

5. 在芯片生产车间，每天抽 8 块芯片检查其瑕疵点个数。为了监测瑕疵点数，对于控制图的选用，下列正确的是________。

A. 使用 c 控制图最方便

B. 也可以使用 u 控制图，效果和 c 控制图相同

C. 也可以使用 p 控制图，效果和 c 控制图相同

D. 使用 np 控制图，效果和 c 控制图相同

E. 使用 p 或 np 图都可以

五、简答题

1. 从统计过程控制的角度来说明区分影响质量的因素可以分为哪两类和用来区分这两类因素的方法是什么，并说明统计控制状态的定义。

2. 请简单说明合理子组原则的概念，并说明实现合理子组的方法。

六、计算分析题

1. 已知某质量特性的公差要求为 1±0. 2mm，假设该质量特性服从正态分布，对该质量特性进行过程能力分析发现：$C_p = 1.0$，$C_{pk} = C_{pu} = 0.8$。请问该过程分布中心是多少？

2. 某企业欲对产品的关键特性直径进行控制图分析，直径采用卡尺测量，每小时抽取 5 件进行测量，可以采用何种控制图？根据控制图绘制，请判断该过程是否稳定。

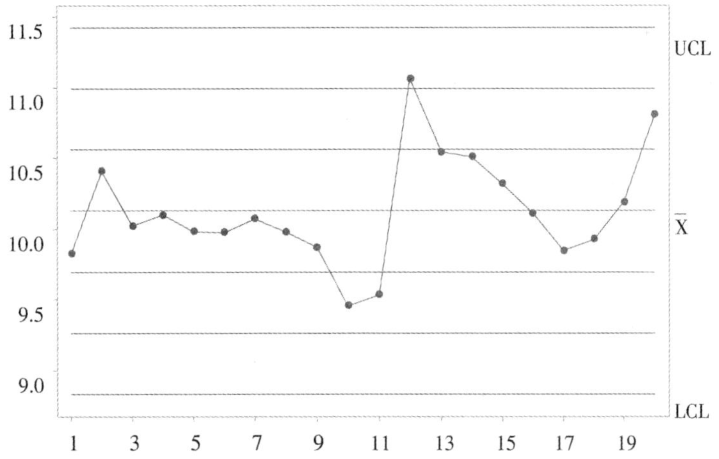

中国质量协会全面质量管理样题
（A卷）

（试卷满分100分）

一、填空题（每空1分，共10分）

1. 质量是指客体的一组________满足________的程度。

2. 质量文化主要由________、制度文化层、行为文化层和________四个相互关联的表现形态构成。________是质量文化的核心内容和最高境界。

3. 施乐公司的罗伯特·开普将标杆管理过程分为五个阶段：组织策划、________、制订和优化实施方案、________、目标达成与持续改进。

4. 全面生产维护的英文简称TPM。企业实施全面生产维护的宗旨是通过提高员工的保全能力和________的效率，力求达到零事故、________、零故障、________的“四零”目标。

5. 在散布图中，当x值增加，y值也增加，且点子分布比较密集，点子云呈线性，称为________。

二、判断题（每题1分，共10分，对者打√，错者打×）

1. 质量是指产品或服务满足顾客需求的程度的感受。（ ）

2. 质量责任制是指企业中形成文件的一种规章制度，它是规定各个职能部门和每个岗位的员工在质量工作中的职责和权限，并与考核奖惩相结合的一种质量管理制度和管理手段。（ ）

3.《质量管理体系 要求》（GB/T 19001）标准中强调的沟通主要是内部沟通。（　）

4. 方针目标管理主要是要完成组织的重点目标任务，因此必须由高层管理者制订出详细的措施方案，确保任务完成。（　）

5. 标杆管理具有广泛的适用性和较高的实用性，适用于任何行业的任何企业。（　）

6. 清扫就是突击打扫卫生，使工作场所符合卫生要求。（　）

7. QC 小组是群众性活动，也是组织的自主行为，推进 QC 小组活动持久、有效、健康地发展，是组织领导和有关部门的职责。（　）

8. 直方图的平均值与规范限的中心重合，说明此组数据的分布非常理想。（　）

9. 因果矩阵可以使用若干因果图代替。（　）

10. 控制图是对过程质量加以测定、记录并进行控制管理的一种用统计方法设计的图。（　）

三、单项选择题（每题 2 分，共 20 分）

1. ________阶段质量管理的重点主要是确保产品质量符合规范和标准。

A. 早期质量管理

B. 质量检验

C. 统计质量控制

D. 全面质量管理

2. 企业开展质量培训工作，一般包括四个阶段的活动，以下对四个阶段活动的描述，其正确的开展顺序是________。

①设计和策划培训　②评价培训结果　③提供培训　④确定培训需求

A. ①—②—③—④

B. ①—④—③—②

C. ④—①—②—③

D. ④—①—③—②

3. 各级人员都是组织之本，只有他们的充分参与，才能使他们的才干为组织带来收益，表述的是七项质量管理原则中__________原则的含义。

A. 以顾客为关注焦点

B. 领导作用

C. 全员积极参与

D. 过程方法

4.《卓越绩效评价准则》（GB/T 19580）标准引导组织积极履行社会责任，以下不属于社会责任范畴的是__________。

A. 质量安全

B. 环保与节能降耗

C. 员工福利

D. 诚信道德

5. 质量方针是一个组织在质量方面的宗旨和方向，应由组织的__________批准发布。

A. 上级机关

B. 最高管理者

C. 质量管理办公室主任

D. 总工程师

6. 精益管理五个基本原则中"识别价值流"的含义是__________。

A. 将从原材料到成品的生产过程绘制成流程图

B. 找出从原材料到成品的生产过程中最有价值的活动

C. 找出哪些是增值的活动，哪些是非增值的活动

D. 以上陈述均不正确

7. 对现场物品进行整理分类，明确区分要用的和不用的，并把不用的物品清除出现场的活动是__________。

A. 整理

B. 整顿

C. 清扫

D. 清洁

8. 设 10 个数据的均值为 9.26，如今又得第 11 个数据为 9.92，则此 11 个数据的均值为__________。

A. 9.23

B. 9.32

C. 9.74

D. 9.59

9. 在一个城市中不同收入者的住房面积相差悬殊，分布一般会呈现出严重的右偏倾向。为了调查该市的住房状况，随机抽取了1000个住户，测量了他们的住房面积。在这种情况下，代表一般住房状况的最有代表性的指标应该是__________。

A. 样本平均值

B. 去掉一个最高值，去掉一个最低值，然后求平均

C. 样本众数

D. 样本中位数

10. 某网络销售商欲采用SPC控制图监控退货情况，可以收集到每日发货数和对应的退货数（注：每天的发货数量不等）。那么，以下选择正确的是______。

A. 选用u图

B. 选用$\overline{X}$-R图

C. 选用np图

D. 选用p图

四、多项选择题（每题4分，共20分，错选不得分，漏选得1分）

1. 戴明提出的知名理论和名言，包括__________。

A. 质量三部曲

B. 质量螺旋

C. PDCA循环

D. “除了上帝，任何人都必须用数据来说话”

E. 目标管理

2. 质量管理体系可以__________。

A. 帮助组织实现顾客满意

B. 为组织提供实现持续改进的框架

C. 向顾客提供信任

D. 使管理过程标准化

E. 保证向顾客提供合格的产品

3. 根据品牌的沙堆模型，品牌的基础要素包括________。

A. 产品价格

B. 社会责任

C. 信誉

D. 质量

E. 技术

4. 关于数据整理的基本方法和工具，下列说法正确的是__________。

A. 直方图用于观察数据的分布情况

B. 排列图用来区分“关键的少数和次要的多数”

C. 散布图可以用来分析两个变量之间的相关性

D. 控制图用来判定产品是否合格

E. 运行图用来观察数据（特性值）随时间变化的趋势

5. 当控制对象为“均值和离散程度”时，控制图可选__________。

A. p 图

B. $\overline{X}-R$ 图

C. u 图

D. $\widetilde{X}-R$ 图

E. c 图

五、简答题（每题 5 分，共 10 分）

1. 全面质量管理有哪些基本要求？

2. 结合标准要求和组织的实践，谈谈如何使员工具备足够的质量意识。

六、计算分析题（每题 15 分，共 30 分）

1. 测某食品 50 袋，其重量（kg）如下，画出其直方图。

13	12	14	12	14	16	14	16	14	15
14	13	15	12	12	14	14	14	11	15
15	15	14	15	14	14	16	17	14	15
15	16	13	14	18	13	17	14	15	12
15	13	16	15	13	16	11	16	14	13

2. 某企业欲对产品的关键特性直径进行控制图分析，直径采用卡尺测量，每小时抽取 5 件进行测量，可以采用何种控制图？根据控制图绘制，请判断该过程是否稳定。

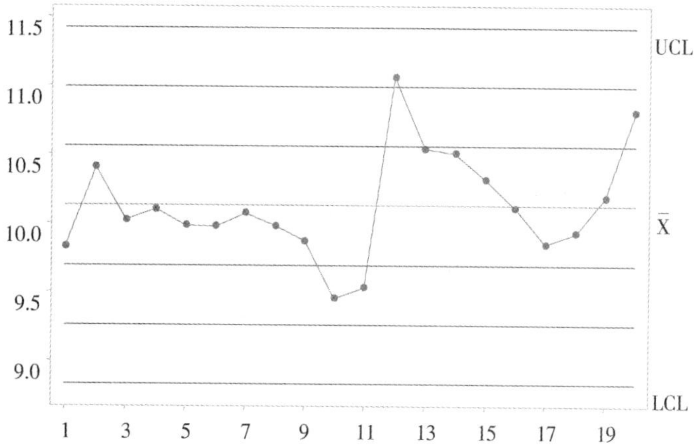

中国质量协会全面质量管理样题
（B 卷）

（试卷满分 100 分）

一、填空题（每空 1 分，共 10 分）

1. 质量管理的基本工作程序是__________循环。

2. 朱兰提出了质量管理三部曲，即__________、质量控制和__________。

3. 在六西格玛方法论中，用于过程改进的 DMAIC 方法是指定义、______、______、改进和______5 个步骤。

4. QC 小组活动的特点突出表现为明显的__________、广泛的群众性、高度的__________和严密的__________。

5. p 或 np 控制图，使用的判别准则有______个。

二、判断题（每题 1 分，共 10 分，对者打√，错者打×）

1. 质量控制和质量改进都是质量管理的一部分，目的都是为了保持产品质量稳定。（ ）

2. 计量的特点为准确性、一致性、溯源性和法制性四个方面。（ ）

3. GB/T 19001—2016 标准是推荐性国家标准，是否依据其建立质量管理体系并通过认证，组织可以自行决定。（ ）

4. 方针目标管理强调重点管理，不能代替日常管理。（ ）

5. 六西格玛管理能否成功，关键在于项目团队能否正确运用统计工具。（ ）

6. 5S 管理活动的 5 个步骤互为依托、层层递进，是不可分割、缺一不可的整体。 (　　)

7. 样本标准差的数值越小，说明总体数据的波动越小，散布情况越集中。 (　　)

8. 运行图的横坐标应为质量特性值。 (　　)

9. 因果矩阵中应按原因重要度从小到大的顺序，确定最有可能的影响因素。 (　　)

10. $\overline{X}$ 控制图中的点子全部落在控制限内说明没有异常出现。 (　　)

三、单项选择题（每题 2 分，共 20 分）

1. PDCA 循环的四个阶段中，D 阶段是________。

A. 策划

B. 实施

C. 检查

D. 处置

2. 据史料记载，明朝修建南京城墙使用的砖，为了确保城砖烧造质量，朝廷要求烧造过程所涉官、兵、窑匠等均需在砖上留下姓名，此做法属于________。

A. 标准化作业

B. 质量责任制

C. 质量检验

D. 计量

3. GB/T 19001 标准规定的质量管理体系要求是为了________。

A. 进一步明确规定组织的产品要求

B. 统一组织的质量管理体系文件和结构

C. 统一组织的质量管理体系过程

D. 稳定地提供满足要求的产品并增进顾客满意

4. 关于《卓越绩效评价准则》(GB/T 19580) 标准的作用，<u>不正确</u>的是________。

A. 为组织追求卓越提供自我评价的准则

B. 作为各类质量奖的评价依据

C. 作为组织建立经营管理体系的框架

D. 作为合格评定的依据

5. 在目标管理中，________特点使考评具有了客观标准。

A. 充分授权

B. 结果导向

C. 上下沟通

D. 自我激励

6. 在六西格玛管理 DMAIC 方法论中，通常要用试验设计 DOE 的阶段是________。

A. 测量阶段

B. 分析阶段

C. 改进阶段

D. 控制阶段

7. 浪费在日文中被称为 Muda，可分为Ⅰ型 Muda 和Ⅱ型 Muda。以下陈述正确的是________。

A. 不论是Ⅰ型 Muda 还是Ⅱ型 Muda，都是现有技术和条件下不可避免的

B. 不论是Ⅰ型 Muda 还是Ⅱ型 Muda，都应想办法加以消除

C. 在精益改善中，首先要努力消除Ⅰ型 Muda

D. 在精益改善中，首先要努力消除Ⅱ型 Muda

8. 排列图是用于研究________的工具。

A. 正常波动与异常波动

B. 寻找最优水平，找出差距，促进质量改进

C. 分析不同变量间相关关系

D. 显示各个原因变量的作用，识别改进机会

9. 散布图是整理和观察收集到的数据的常用图形工具。以下可应用散布图的是________。

A. 观察两个变量之间是否存在相关关系

B. 观察数据是否随时间变化

C. 观察数据的分散程度

D. 观察数据的集中趋势

10. 当某个过程的输出有多种缺陷形式，且影响它们的因素很难分开来单独考察，则以下________工具可以帮助识别需重点关注的原因。

A. 散布图

B. 因果矩阵

C. 绩效矩阵

D. 鱼刺图

四、多项选择题（每题 4 分，共 20 分，错选不得分，漏选得 1 分）

1. 现代质量管理发展经历了________三个阶段。

A. 质量检验阶段

B. 统计质量控制阶段

C. 质量改进阶段

D. 全面质量管理阶段

E. 质量管理小组阶段

2. 六西格玛项目目标应符合 SMART 原则，以下哪些是 SMART 的含义________。

A. 意义重大的

B. 具体的

C. 可测量的

D. 具有相关性的

E. 有时限的

3. 开展 QC 小组活动应遵循的原则有________。

A. 全员参与

B. 持续改进

C. 遵循 PDCA

D. 持续精益

E. 基于客观事实和应用统计方法

4. 关于直方图，以下说法正确的是________。

A. 直方图可以帮助了解过程数据的分布特征

B. 直方图适用于连续型数据

C. 直方图的功能与运行图类似

D. 直方图可以反映数据随时间的变化

E. 直方图的分组可以自主确定

5. 在芯片生产车间，每天抽 8 块芯片检查其瑕疵点个数。为了监测瑕疵点数，对于控制图的选用，下列正确的是________。

A. 使用 c 控制图最方便

B. 也可以使用 u 控制图，效果和 c 控制图相同

C. 也可以使用 p 控制图，效果和 c 控制图相同

D. 使用 np 控制图，效果和 c 控制图相同

E. 使用 p 或 np 图都可以

五、简答题（每题 5 分，共 10 分）

1. 结合企业实际，说明开展质量教育培训应注意的问题。

2. 在六西格玛管理 DMAIC 方法中，定义（D）阶段的主要内容是什么？

六、计算分析题（每题 15 分，共 30 分）

1. 某冰箱制造商对某批产品质量缺陷调查结果如下：箱体划伤 120 个，发泡不良 17 个，焊接不良 280 个，电路板不良 50 个，其他 33 个。请绘制排列图并指出冰箱的主要缺陷类型。

2. 某包装食品袋装过程，要求为 2000^{+4}_{-2} 克，实测均值为 2001. 3 克，测定值标准偏差 S=0. 9 克，求：C_{pk}。

中国质量协会全面质量管理样题

（C卷）

（试卷满分100分）

一、填空题（每空1分，共10分）

1. ISO 8402：1994将“全面质量管理”定义为：“一个组织以质量为中心，以__________为基础，目的在于通过让顾客满意和本组织所有成员及______受益而达到长期成功的________。”

2. 按照《精益思想》提出的五个基本原则，正确地确定价值就是以________的视角而不是________或________的视角确定价值。

3. 帮助建立解决质量管理问题思路的工具，如头脑风暴、___________等，并不针对过程或产品中的数据，而是更强调一种________，强调要跳出框框，更多地用在管理和策划活动中。

4. 做到现场没有垃圾、灰尘及污垢，查找并消除造成脏污的源头。对设备工具等作业器具进行清洁养护的活动属于5S管理的________。

5. 企业准备对不合格品数进行监控，可以采用________控制图。

二、判断题（每题1分，共10分，对者打✓，错者打×）

1. 全面质量管理“三全一多样”的特点表明，质量培训工作要覆盖整个组织的所有员工，上到公司高层领导，下至普通员工。（　　）

2. 物质文化层既是质量文化的显现部分，也是质量文化的外在体现。（　　）

3. 《卓越绩效评价准则》为组织追求卓越提供了自我评价的准则，也可作为质量奖的评价依据。（　　）

4. 方针目标管理注重员工的自我管理，鼓励全员参与。 ( )

5. 拉动是指严格按计划投入和产出，使顾客能及时得到他们需要的东西。 ( )

6. 全面生产维护是全面质量管理的重要组成部分。 ( )

7. 流程图的作用不仅在于过程分析，在质量管理各个环节都是有效的基础性工具。 ( )

8. 一组数据：5 7 4 8 10 12，对应的众数是 0。 ( )

9. 因果图用于寻找引起质量问题的可能原因。 ( )

10. 过程能力指数 C_{pk} 小于等于 C_p。 ( )

三、单项选择题（每题 2 分，共 20 分）

1. 在接受服务的过程中，顾客期望得到一个自由、亲切、尊重、友好和谅解的气氛，这体现了服务的________质量特性。

A. 文明性

B. 舒适性

C. 功能性

D. 安全性

2. 在质量管理中，致力于制定质量目标并规定必要的运行过程和相关资源以实现质量目标的活动是________。

A. 质量策划

B. 质量控制

C. 质量保证

D. 质量改进

3. 以下关于质量文化建设“融合”原则的描述，错误的是________。

A. 质量文化建设要与企业其他管理相融合

B. 质量文化建设要与质量管理相融合

C. 质量文化应单独建立管理体系

D. 质量文化建设要与品牌管理相融合

4. 在方针目标管理的实施过程出现意外情况时，应及时________，指导或建议责任人如何更加有效地达成目标。

A. 调整方针目标计划

B. 进行考核

C. 加强监督检查

D. 停止资源提供

5. 以下准确表达准时化（JIT）含义的是________。

A. 只在必要的时间生产必要数量的必要产品

B. 按照客户需求的时间准时供货

C. 按照下达的生产计划，准时安排生产

D. 上工序必须准时开工，不能断流

6. 对过去一年都没有使用过的物品，在整理时可选________的处置方法。

A. 存放在稍远的场所

B. 作业场所内集中摆放

C. 撤离现场或丢弃

D. 就近摆放在工作场所内

7. 当 QC 小组成员发生严重分歧时，应优先考虑________。

A. 鼓励他们为了小组的和谐忽略分歧

B. 通过沟通，消除分歧达成一致

C. 小组内尽快投票决定

D. 寻求小组外部力量解决

8. 从一个总体中随机抽取了两个样本，第一个样本的样本容量为 5，样本均值为 158，第二个样本的样本容量为 25，样本均值为 152，若将它们合并成一个样本，其样本均值为________。

A. 153

B. 154

C. 155

D. 156

9. 在产品过程检验中，共发现有 5 种类型的产品质量缺陷。可用下列哪种图形工具找出应重点改善的产品缺陷________。

A. 直方图

B. 散布图

C. 正态分布图

D. 排列图

10. 可以同时对多个问题进行因果分析的方法是________。

A. 因果图

B. 亲和图

C. 排列图

D. 因果矩阵

四、多项选择题（每题4分，共20分，错选不得分，漏选得1分）

1. 管理评审的输出应包括与________有关的决定和措施。

A. 改进的机会

B. 质量管理体系的变更

C. 资源需求

D. 绩效考核

E. 薪酬福利

2. 以下哪些工具是精益管理的基础工具________。

A. 5S

B. 目视管理/可视化

C. 标准作业

D. 均衡生产

E. 多能工

3. 在《卓越绩效评价准则实施指南》（GB/Z 19579）标准附录B“卓越绩效评价——从组织概述开始”中，员工概况包括________。

A. 技能水平

B. 教育水平

C. 年龄和职位构成

D. 关键需求和期望

E. 福利制度

4. 关于散布图，以下说法不正确的是________。

A. 散布图可以分析两个连续变量之间的相关关系

B. 散布图呈现强相关关系，则两个变量之间存在因果关系

C. 散布图可以帮助了解过程数据的分布

D. 散布图呈现不相关关系，则两个变量一定不相关

E. 散布图适用于连续型数据

5. 下列关于过程能力指数的分析，正确的是________。

A. 若计算出的 $C_p=0.89$，$C_{pk}=0.84$，则说明该过程 σ 太大，应首先考虑降低该过程的波动

B. 若计算出的 $C_p=1.5$，$C_{pk}=0.84$，则说明该过程均值偏离规范中心太多，应首先考虑改善过程均值，使之靠近规范中心

C. 若计算出的 $C_p=0.89$，$C_{pk}=0.32$，则说明该过程的均值和 σ 均有问题，既应考虑改善过程均值，也应设法降低过程波动

D. 若计算出的 $C_p=0.32$，$C_{pk}=0.32$，则说明该过程的均值和 σ 均有问题，应首先设法降低过程波动，然后考虑改善过程均值

E. 只要 C_{pk} 的计算结果<1.33，应该首先考虑降低过程波动

五、简答题（每题 5 分，共 10 分）

1. 简述方针目标管理在企业经营管理中的作用。

2. 企业管理及生产活动中存在哪七种典型的浪费？

六、计算分析题（每题 15 分，共 30 分）

1. 收集某过程的数据绘制直方图如下，过程均值为 12，标准差为 0.15。请说明直方图的形状类型并计算当前过程能力 C_p。

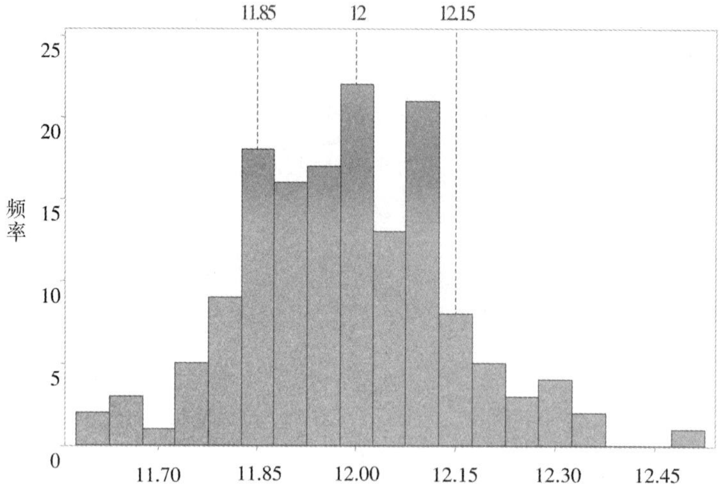

2. 某工序加工的材料屈服强度不得低于500Mp，样本实测均值为531Mp，样本标准偏差为6. 2Mp，求 C_{pL}。

第二部分　复习题答案

第1章 质 量

一、填空题

1. 固有特性　要求
2. 寿命　安全性
3. 功能性　安全性　经济性
4. 规定功能　总时间
5. 条件下　时间内　能力
6. 制造　使用
7. 输入　预期结果　活动
8. 顾客　法律法规　全部活动
9. 产生　实现
10. 供应链

二、判断题

1. ×　2. ×　3. ×　4. √　5. √

6. √　7. √　8. √　9. ×　10. ×

三、单项选择题

1. B　2. D　3. A　4. B　5. D

6. D　7. B　8. D　9. D　10. A

四、多项选择题

1. ACE　2. CDE　3. ABC　4. ABDE　5. BCDE

五、简答题

1. **答：**

对组织的意义：质量是企业树立品牌、竞争制胜的法宝；质量是企业提高经济效益的关键；质量有助于提高企业素质，支持企业长期发展和成功。

对顾客的意义：质量是提高顾客满意和忠诚的关键，高质量能满足顾客不断增长的需求。

对员工的意义：提高质量有利于员工的稳定和发展。没有质量就没有效益，而企业效益是员工稳定、生活幸福的基本保证。全面质量管理强调全员参与，促进授权和全员参与的机制能够极大地调动员工的积极性，并在发挥员工潜能的过程中促进员工的成长发展。

对国家和社会的意义：质量强国是我国的国家战略，我国提升质量仍迫在眉睫，实现强国梦需要所有人的共同努力。从质量和其他相关方关系看，企业只有合法经营并持续提供社会所需要的产品，才能持续发展，才会给社会作出更大的贡献；同时供应商也才有持续经营的机会，消费者才能享受高质量的产品和服务，才能避免受低质量产品的危害。

2. **答：**

硬件产品质量环，可包括营销和市场调研，设计和开发，采购，工艺策划和开发，生产制造，检验试验，包装和储存，销售和分发，安装和运行，技术服务和维护，用后处置等。

第 2 章　质量管理

一、填空题

1. 质量目标　质量保证　质量改进
2. 统计质量控制阶段　全面质量管理
3. 质量　全员参与　社会　管理途径
4. 全员　全过程　全方位　方法
5. PDCA
6. 质量策划　质量改进
7. 质量目标　运行过程
8. 单一方法　集成方法　系统方法
9. 集合　客观规律
10. 事后把关　生产过程控制　预防

二、判断题

1. √　2. ×　3. √　4. ×　5. √

6. ×　7. √　8. √　9. ×　10. ×

三、单项选择题

1. C　2. C　3. A　4. B　5. C

6. A　7. A　8. D　9. B　10. B

四、多项选择题

1. ABDE　2. BCDE　3. ABCE　4. BCD　5. BCE　6. ABD

五、简答题

1. 答：

（1）全员的质量管理：任何一个人的工作质量都会不同程度地直接或间接地影响着产品质量或服务质量。因此，产品质量人人有责，只有人人做好本职工作，全体参加质量管理，才能生产出顾客满意的产品。

（2）全过程的质量管理：产品质量形成的过程、每一个环节都对产品质量产生或大或小的影响。因此要控制产品质量，需要控制影响质量的所有环节和因素。

（3）全方位的质量管理：从组织管理的角度来看，组织各管理层次都有明确的质量管理活动内容，当然各层次活动的侧重点不同。从质量职能角度看，组织的质量职能是由组织内部的各个部门承担的，有的涉及组织外部的供应商、销售商、顾客等。要保证和提高产品质量，就必须将分散在组织内外部和各部门的质量职能充分发挥并整合起来。

（4）多方法的质量管理：随着产品复杂程度的增加，影响产品质量的因素也越来越多。既有物的因素，也有人的因素；既有技术的因素，也有管理的因素；既有组织内部的因素，也有供应链的因素。要把这一系列的因素系统地控制起来，就必须广泛、灵活地运用各种现代化的科学管理方法，加以综合治理。

2. 答：

（1）策划阶段（P）：根据顾客的要求和组织的方针，建立体系的目标及其过程，确定实现结果所需的资源，并识别和应对风险和机遇；

（2）实施阶段（D）：执行所做的策划；

（3）检查阶段（C）：根据方针、目标、要求和所策划的活动，对过程以及形成的产品和服务进行监视和测量（适用时），并报告结果；

（4）处置阶段（A）：必要时，采取措施提高绩效。要把成功的经验变成标准，以后按标准实施；失败的教训加以总结、防止再发生；没有解决的遗留问题则转入下一轮 PDCA 循环。

PDCA 循环作为质量管理的科学方法，适用于组织各个环节、各个方面的质量工作。四个阶段一个也不能少；同时大环套小环，环环相扣，通过各个循环把组织的各项工作有机地联系起来。PDCA 是螺旋式不断上升的循环，每循环一次，产品质量、过程质量或体系质量就提高一步。

第 3 章　全面质量管理基础工作

一、填空题

1. 教育　教育
2. 最佳秩序　规范性
3. 有意义的数据
4. 技术标准　管理标准　技术标准
5. 标准　检验检测
6. 质量知识教育
7. 质量责任制
8. 测量设备　测量过程
9. 计量　科学计量　工程计量　法制计量
10. 进货检验　过程检验
11. 认证机构　合格评定活动　产品质量认证　质量管理体系认证

二、判断题

1. ×　2. ×　3. ×　4. ×　5. √
6. √　7. ×　8. ×　9. √　10. √　11. √

三、单项选择题

1. A　2. C　3. D　4. B　5. D

6. D　7. B　8. A　9. C　10. D

四、多项选择题

1. ACDE　2. ABCE　3. ABCD　4. ACE　5. ABCD

五、简答题

1. **答：**

我国的标准分为政府主导制定的标准和市场自主制定的标准两大类。其中，政府主导制定的标准包括强制性国家标准、推荐性国家标准、行业标准和地方标准，市场自主制定的标准包括团体标准和企业标准。

2. **答：**

适用性；准确性；完整性；可靠性；及时性；安全性；保密性。

第 4 章　质量文化和品牌

一、填空题

1. 全体成员　价值观　总和
2. 物质文化层　精神文化层　精神文化层
3. 领导作用　全员参与　独特性
4. 企业文化　质量
5. 凝聚功能　约束功能
6. 心　形　制　效
7. 质量文化定位　测量、评价与改进
8. 质量　品牌　品牌　质量
9. 差异化　功能价值　情感价值
10. 无形资产　组合

二、判断题

1. ×　2. ×　3. √　4. √　5. √

6. ×　7. √　8. √　9. √　10. √

三、单项选择题

1. A　2. C　3. D　4. C　5. D

6. C　7. A　8. B　9. D　10. C

四、多项选择题

1. BCDE　2. ABCD　3. ABDE　4. BCDE　5. ACE

五、简答题

1. 答：

（1）实施以人为本的质量管理。质量文化建设首先是要让企业的质量管理体现以人为本，要在质量管理活动中注重人的因素，通过对员工人性的尊重，关爱员工，促进员工发展，提高员工的满意度，有助于调动员工的积极性、主动性和创造性，释放他们的潜能，从而确保组织的质量管理活动能够有效、高效地达到预期的目标和结果。

（2）创造提升质量的软环境。通过营造持续改进、追求卓越的良好氛围和机制，能够提升全体成员的质量意识，确保企业及其成员始终将追求卓越质量作为行为准则，激发员工主动参与质量改进的热情，帮助组织不断提高产品和服务质量，更好地服务于顾客和其他相关方，从而为所有利益相关方创造更大的价值，最终提升企业的质量竞争力。

（3）促进企业的持续发展。质量文化建设是现代质量管理不可或缺的组成部分，加强质量文化建设是新时期质量的战略地位决定的，是从战略层面系统提升质量的需要。质量文化建设关系到企业的可持续发展，优秀的质量文化是企业走向成功的基石、永续经营的基因。

（4）促进员工成长和实现自我价值。质量文化建设突出以人为本，既能帮助员工养成良好的质量行为和习惯，提高员工的职业素养，又能让员工从情感和理智上认同、从行为和习惯上践行企业的质量价值观，主动自觉地追求高质量，并从工作中实现个人的自身价值。

2. 答：

对于企业的管理沙堆而言，品牌就相当于沙堆的最外层，而产品质量、企业信誉、社会责任、技术创新等就是沙堆的底层和内层。沙堆的内层是消费者不能直接感觉到的，但却支撑着外层品牌。

质量是品牌的根基，高质量的产品有助于企业开拓市场、树立良好的品牌形象，并在消费者中保持良好的口碑。

信誉是一个企业长期积累的结果，反映了企业向消费者提供有价值产品和服务的能力和诚意。

企业的社会责任是企业品牌建设的重要内容，这是消费者和社会的要求，也是企业生存的必要条件。

品牌从根本上讲是靠科技支撑的，技术创新是品牌的精髓所在。技术创新能保证品牌在本质上不同于其他产品。

总之，产品质量、企业信誉、社会责任、技术创新等要素就是形成品牌的基础，是形成知名品牌的必要条件，企业不能忽视品牌自身的特点和规律，企业需要开展从战略层面出发全面有效的品牌管理工作。

第 5 章　质量管理体系

一、填空题

1. 方针　目标　一组要素

2. 以顾客为关注焦点　满足顾客要求　超越顾客期望

3. 质量管理体系 基础和术语　基础　术语　理论基础

4. 质量管理体系 要求　满足顾客要求　适用的法律法规要求　顾客满意

5. 战略和宗旨　质量管理体系结果

6. 职能　层次　过程

7. 成文信息　质量方针

8. 形成文件　信息

9. 途径　程序文件

10. 细化和补充　工作方法

二、判断题

1. ×　2. ×　3. ×　4. ×　5. √

6. √　7. √　8. √　9. √　10. √

三、单项选择题

1. C　2. B　3. D　4. D　5. D

6. B　7. A　8. B　9. B　10. A

四、多项选择题

1. ABE　2. ABD　3. ABCD　4. CDE　5. BC

五、简答题

1. 答：

GB/T 19001 标准要求，组织应确保从事质量管理体系相关工作的人员知晓：

（1）质量方针；

（2）相关的质量目标；

（3）他们对质量管理体系有效性的贡献及改进绩效的益处；

（4）不符合质量管理体系要求的后果。

以确保其具备足够的质量意识，积极主动地从事与质量管理体系相关的工作，为保证质量作出贡献。

2. 答：

在进行质量管理体系策划时，考虑应对风险和机遇的措施，是为了：

（1）确保质量管理体系能够实现其预期结果；

（2）增强有利影响；

（3）预防或减少不利影响；

（4）实现改进。

第 6 章　卓越绩效模式

一、填空题

1. 《卓越绩效评价准则》　《卓越绩效评价准则实施指南》
2. 组织绩效管理方法　其他相关方　整体　持续发展　成功
3. 资源　测量、分析与改进　结果
4. 适宜性　系统性
5. 《卓越绩效评价准则》
6. 1000　400
7. 组织描述　组织面临的挑战
8. 过程　结果
9. 方法　展开　学习　整合
10. 水平　趋势　对比　整合

二、判断题

1. ×　2. √　3. √　4. ×　5. √

6. ×　7. ×　8. √　9. √　10. ×

三、单项选择题

1. A　2. D　3. C　4. B　5. B

6. D　7. B　8. C　9. D　10. B

四、多项选择题

1. ACDE　2. ABCD　3. ACD　4. BCDE　5. BCE　6. BCDE

五、简答题

1. 答：

《卓越绩效评价准则》标准内容包括领导，战略，顾客与市场，资源，过程管理，测量、分析与改进及经营结果七大类目的要求。

2. 答：

组织概述是组织的一幅快照，显示了组织运营的关键因素和背景状况。将组织概述作为卓越绩效评价的开始的重要性体现在：一是组织自我评价和编写质量奖申报材料时最恰当的开始点；二是有助于组织关注其关键过程和结果，识别关键的潜在差距，以制订改进计划；三是有助于评审员在材料评审、现场评审中，了解组织及组织认为重要的方面。

第 7 章　方针目标管理

一、填空题

1. 行为科学　系统理论
2. 中长期和年度经营方针目标　员工　个体与群体　个人目标和组织目标
3. 使命　愿景　战略
4. 课题　目标　措施
5. 关联部门　协调
6. 管理层次　责任人　实施计划
7. PDCA　制定　实施　实施效果评价
8. 定期检查　年末检查
9. 课题和目标　实施方案
10. 自我　上级

二、判断题

1. √　2. √　3. ×　4. ×　5. √
6. √　7. ×　8. ×　9. ×　10. ×
11. √　12. √

三、单项选择题

1. D　2. B　3. B　4. C　5. A

6. A　7. B　8. C　9. A　10. C

四、多项选择题

1. ABCE　2. ABC　3. ACE　4. ABC　5. ABCE

五、简答题

1. 答：

方针目标管理具有以下特点：

（1）强调系统管理。它层层设定目标，建立目标体系，按 PDCA 循环原理开展工作，重视整体策划，进行综合管理。

（2）强调重点管理。它不代替日常管理，只是重点抓好对组织和部门发展有重大影响的重点目标、项目和措施，其他则纳入组织的日常管理中去。

（3）注重措施管理。管理的对象必须细化到实现目标的措施上，要切实将目标展开到能采取措施为止，对具体措施实施管理。

（4）注重自我管理。它要求发动全体员工参与方针目标管理的全过程，而且为各级各类人员规定了具体而明确的目标，从基层员工到管理人员都要被目标所管理；同时，又要为完成目标调整自己的行为，实行“自我管理”。

2. 答：

方针目标管理在企业经营管理中发挥着重要的作用，具体体现在以下几个方面：

（1）是组织进行战略部署，实现战略目标的重要方法之一；

（2）可以调动各级员工的积极性；

（3）是提高组织管理水平的重要工具。

第 8 章　标杆管理

一、填空题

1. 内部标杆管理　外部标杆管理
2. 共享
3. 竞争性标杆　非竞争性标杆
4. 跨行业
5. 确定改进目标　有效执行
6. 明确组织体系　选定标杆项目
7. 较高的透明性　相匹配的资源
8. 单一团队　复合团队
9. 成果
10. 科学性　便利性

二、判断题

1. ×　2. ×　3. ×　4. √　5. ×

6. √　7. ×　8. ×　9. ×　10. √

三、单项选择题

1. B　2. A　3. C　4. D　5. C

6. A 7. D 8. B 9. D 10. A

四、多项选择题

1. ACE 2. BDE 3. BCDE 4. ABCDE

五、简答题

1. 答：

实施内部标杆管理的企业往往形成的是内向视野，如果不能结合外部标杆管理，则很容易产生封闭思维。如果仅仅实施外部标杆管理，则内部的最佳实践无法实现共享，会影响组织的知识管理和价值创造。因此，在实践中，内部标杆管理应该与外部标杆管理结合起来使用。

2. 答：

要运用科学的分析工具，如鱼骨图、头脑风暴、树状图等进行分析，并针对性地制订改进计划；要注意制定的目标要适当，过高或过低都不可取；高层领导要身体力行，高层领导不仅是标杆追赶的倡导者，更是实施过程中的参与者。

第 9 章　六西格玛管理

一、填空题

1. 3.4
2. 测量　分析　控制
3. 数据　关键
4. 标准差　波动(或变异)
5. 越高(或越强)　越低
6. 系统　六西格玛管理评价准则
7. 开发设计　消除缺陷
8. 主要负责人　高层领导
9. 团队　六西格玛　DMAIC　DFSS　最佳方案
10. 技术阻力　管理阻力　文化阻力

二、判断题

1. ×　2. ×　3. ×　4. ×　5. √

6. √　7. ×　8. ×　9. √　10. √

三、单项选择题

1. D　2. B　3. C　4. D　5. C

6. D　7. C　8. C　9. D　10. A　11. B

四、多项选择题

1. AD　2. DE　3. BCE　4. ABC　5. BCE

五、简答题

1. 答：

实施六西格玛管理的主要作用可归结为以下四个方面：

（1）问题解决和降低成本；

（2）文化变革；

（3）战略实施；

（4）员工发展。

2. 答：

DMAIC 流程中定义（D）阶段的主要内容是：确认顾客的关键需求，并识别需要改进的产品或流程，组成项目团队，制订项目计划，决定要进行测量、分析、改进和控制的关键质量特性，确定项目所涉及的职能部门，将改进项目界定在合理的范围内；制定项目的目标，并估算达成目标后项目带来的预计收益。

第 10 章　精益管理

一、填空题

1. 顾客　浪费　改善
2. 原材料　成品　价值
3. 顾客　未有
4. 异常　声光报警
5. 信息系统
6. 标准作业时间(或周期,节拍)　标准作业顺序　标准在制品
7. 物流　信息流　可视化
8. 现状　未来　现状
9. 最后一件　第一件合格产品
10. 系统协同　价值流改善　价值实现

二、判断题

1. ×　2. ×　3. √　4. ×　5. ×

6. √　7. √　8. √　9. √　10. ×

三、单项选择题

1. C　2. C　3. D　4. B　5. A

6. D　7. A　8. A　9. B　10. A

四、多项选择题

1. ACD　2. ABCD　3. ABC　4. ACE　5. BCDE

五、简答题

1. **答：**

企业管理及生产活动中存在的七种典型浪费是过量生产、等待、运输、额外作业、库存、多余动作和返工返修。

2. **答：**

标准化作业是将作业人员、作业顺序、工序设备的布置、物流过程等进行最优化的组合，以满足生产目标而设立的作业方法。它是对周期性的人机作业中有关人的作业动作程序进行标准化，目的是消除人机作业的动作浪费，固化增值动作的过程。

标准化作业包括三个基本要素——标准节拍（Takt）、标准作业顺序和标准在制品，三者缺一不可。

第 11 章　现场管理方法

一、填空题

1. 组织　协调　控制　改进
2. 频次低
3. 相关方
4. 编制
5. 自然劣化　人为劣化
6. 替代　检测　减少
7. 标准节拍　标准作业顺序　标准在制品
8. 整顿　清洁　素养
9. 整顿
10. 定点　定容　定量

二、判断题

1. ×　2. √　3. ×　4. √　5. √

6. ×　7. √　8. ×　9. ×　10. ×

三、单项选择题

1. D　2. D　3. A　4. C　5. A

6. D　7. A　8. B　9. C

四、多项选择题

1. ACD　2. ABCD　3. ABD　4. ABCE　5. ABCD

五、简答题

1. 答：

（1）降低机械设备故障率和停机率；

（2）降低不良品率；

（3）提高生产（机械）运转速度（RPM）；

（4）杜绝短暂停机次数和时间；

（5）生产进度精确掌握；

（6）提高设备总体稼动率；

（7）降低生产成本。

2. 答：

第一步：安全等各类指示清晰；给关键区域画出指示方向，并悬挂标志；展示各类设备的识别标识；标识物料名称、质量、数量（包括最大最小量）；在工具和零部件上贴上标牌；关键指标有仪表标识并显示正常范围；运用图表公布5S 审查结果。

第二步：使用图示阐明标准化作业流程（包括安全、质量关键点），并公开展示；明确标准作业流程，将标准流程和实际作业时间可视化；将设备点巡检流程公开展示；在设备上标识检测点，并使用一级维护目视卡等方法。

第三步：安装状态灯，显示设备运行状态；使用颜色编码板和显示板显示出生产计划，产量达成，异常状态；展示对存在问题的实时跟踪反馈。

第四步：安装并使用业绩跟踪板，展示关键业绩指标；展示指标发展趋势。

第五步：组织架构、人员、能力等可视化；展示问题统计分析结果；使用图表及时发布自主改善计划、状况和现场改善审查结果；传达改善活动的成功事例。

第六步：对人才梯队建设的可视化，图示可视化的培训环境，标识能力培养标准及培训效率和质量。

六、计算题

答：时间利用率=480-20-30-30/480-20=400/460=20/23=87%

设备性能开动率=生产产品数×设计速度/有效利用时间

=32×9/400=288/400=72%

产品合格率=32-2/32=94%

设备综合效率=87%×72%×94%=58.9%

第 12 章　质量管理小组活动

一、填空题

1. 经营战略　方针目标　改进质量　降低消耗　改善环境　质量管理理论和方法

2. 自主性　群众性　民主性　科学性

3. 问题解决型课题　创新型课题

4. 全员参与

5. 生产　服务　管理现场

6. 技术　工艺　技能和方法　新产品　服务　项目　方法

7. 高层管理者的认可与激励

二、判断题

1. √　2. ×　3. ×　4. √　5. √　6. √

三、单项选择题

1. C　2. D　3. A　4. D　5. D　6. B

四、多项选择题

1. ABCE　2. BCDE　3. ABE　4. ABD　5. ABCD

五、简答题

1. 答：

QC小组是在生产或工作岗位上从事各种劳动的职工，围绕企业的经营战略、方针目标和现场存在的问题，以改进质量、降低消耗、提高人的素质和经济效益为目的组织起来，运用质量管理的理论和方法开展活动的小组。

QC小组活动的特点突出表现为：明显的自主性、广泛的群众性、高度的民主性和严密的科学性。

2. 答：

QC小组活动遵循PDCA循环，其基本步骤为：①找出所存在的问题；②分析产生问题的原因；③确定主要原因；④制定对策措施；⑤实施制定的对策；⑥检查确认活动的效果；⑦制定巩固措施，防止问题再发生；⑧提出遗留问题及下一步打算。

第 13 章　质量工具概述

一、填空题

1. 数据波动

2. 统计技术　什么类型

3. 质量工具

4. 头脑风暴　亲和图　创造性思维

二、单项选择题

1. A　2. D

三、多项选择题

1. BD　2. ABE　3. ABCD　4. ABD　5. ABCD

四、简答题

1. 答：

用于管理和策划的工具有头脑风暴、亲和图、矩阵图、树图等。

2. **答：**

运用质量管理工具的最终目的是为了解决质量问题和改进质量；要以充分、准确的数据为基础；运用质量工具时要与专业技术紧密结合；要使质量工具的运用尽可能简单，为更多人所掌握。

第 14 章　统计技术基础

一、填空题

1. 定类尺度　定序尺度　定距尺度　定比尺度
2. 计量数据
3. 计数数据
4. 中心位置
5. 分散程度
6. 参数估计　假设检验
7. 随机样本
8. 总体标准差
9. 计量数据　计数数据

二、判断题

1. √　2. ×　3. √　4. ×　5. ×

6. ×　7. √　8. √　9. ×　10. ×

三、单项选择题

1. B　2. B　3. D　4. A　5. A

6. B　7. A　8. C　9. B　10. A

四、多项选择题

1. BCD　2. ABD　3. ACE　4. AC　5. ABC

五、简答题

1. 答：

计量数据：可以连续取值的，或者说可以用测量工具具体测量出小数点以下数值的数据。

计数数据：不能连续取值的，或者说即使利用测量工具也得不到小数点以下数值的数据。

2. 答：

描述数据的中心位置：均值、中位数、众数。

描述数据的分散程度：方差、标准差、极差。

六、计算分析题

1. 答：

（1）平均值：8.6

（2）中位数：8

（3）极差：6

（4）标准差：2.4

2. 答：

样本均值为：（158×20+152×10）／（20+10）= 156

第 15 章　过程分析与数据收集

一、填空题

1. 数据库　过程(活动)　决策
2. 输入　输出
3. 活动
4. 瓶颈
5. 流程展开图
6. 随机
7. 整群
8. 调查表
9. 明确　全面　方便

二、判断题

1. ×　2. √　3. √　4. √　5. √

6. ×　7. √　8. ×　9. √　10. √

三、单项选择题

1. A　2. B　3. C　4. A　5. B

6. B　7. A　8. B　9. A　10. C

四、多项选择题

1. ABC　2. ABDE　3. ABC　4. BCD　5. ABC

五、简答题

1. 答：

流程图是用图形的方式表现出所要研究的过程。

流程图的作用：通过代表各种活动的图形来了解过程，绘制和分析流程图可以对过程进行认识和沟通，发现过程中可能的问题源以及发现改进的机会。

2. 答：

调查表的作用是采用统一的方式，系统地收集和积累有关数据和信息，为分析、控制和改进产品和过程提供基础。

编制和运用调查表的基本步骤：（1）明确目的；（2）确定要收集的主要变量和数据类型；（3）确定数据分析所需要的其他信息；（4）调查表格的设计；（5）调查表的预测试；（6）调查表的评审和修改。

第 16 章　数据整理与分析

一、填空题

1. 直方图
2. 相关关系
3. 平均值
4. 极差
5. 连续数据
6. 8　8
7. 大于
8. 正相关
9. 运行图
10. 偏态型
11. 少数关键因素
12. 业绩　重要度

二、判断题

1. ×　2. √　3. ×　4. ×　5. ×

6. ×　7. √　8. √　9. √　10. √

三、单项选择题

1. A　2. D　3. B　4. D　5. B

6. C　7. C　8. C　9. B　10. C

四、多项选择题

1. ACD　2. CDE　3. BCD　4. ACD　5. AB

五、简答题

1. **答：**

五种异常分布类型：偏峰型、双峰型、孤岛型、平顶型、锯齿型。

偏峰型可能因素：有时操作时有的偏向倾向或测量的选择性。

双峰型可能因素：通常是数据来自两个总体。

孤岛型可能因素：通常是数据来自两个总体。

平顶型可能因素：有可能数据来自多个总体或在某一个区间符合均匀分布。

锯齿型可能因素：数据不恰当、测量误差大、分组不合适均可形成锯齿状。

2. **答：**

散布图是用来研究两个变量之间是否存在相关关系的一种图形。常见的相关关系包括：强正相关、强负相关、弱正相关、弱负相关、不相关、非线性相关。

3. **答：**

在重要度-绩效分析图中，以质量特性的绩效指标为横坐标，重要度指标为纵坐标，以其中心值为界划分为四个象限。落入Ⅰ象限表示该质量特性绩效好，重要程度高，应加以保持；落入Ⅱ象限表示该质量特性绩效差，而重要程度高，这应是重点加以改进的领域。

4. **答：**

绩效综合指数是指当总体质量是由几个指标共同反映时，需要把这几个指标组合成一个综合指数，用于衡量总体状况，这个综合指数称为绩效指数。

六、计算分析题

1. **答：**

直方图近似正常型或近似孤岛型。

过程能力 C_p = （12.15−11.85）/（6×0.15）= 0.33

2. **答：**

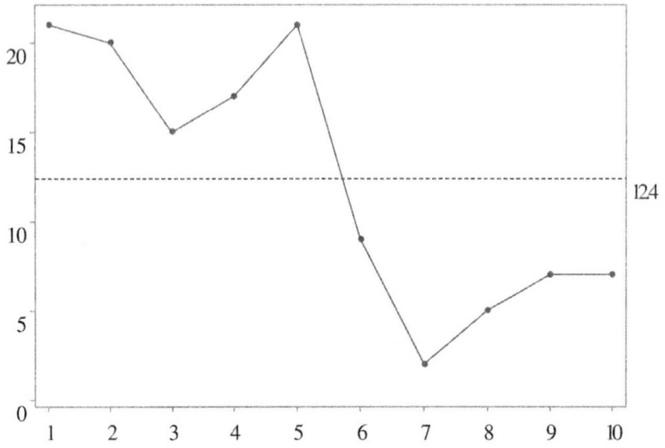

从运行图可以看出：前 5 个点和后 5 个点的数据差异很大，说明过程出现突变。

第 17 章　原因分析与解决方案

一、填空题

1. 石川馨
2. 人　程序　场所
3. 1~10 分
4. 强相关关系
5. 环境
6. 技术要求
7. 识别潜在隐患，预防风险
8. 多多益善
9. 避免批评　互相融合
10. 分类　汇总

二、判断题

1. ×　2. ×　3. √　4. ×　5. ×

6. √　7. √　8. ×　9. √　10. √

三、单项选择题

1. A　2. D　3. C　4. D　5. D

6. B　7. C　8. C　9. C　10. B

四、多项选择题

1. AB　2. ABD　3. BE　4. BCD　5. AC

五、简答题

1. 答：

第一步：阐明要研究的质量问题；

第二步：规定原因分类的主要类别；

第三步：开始绘制因果图；

第四步：寻找下一层次的原因；

第五步：从末端原因中识别和选取关键少数的要因。

2. 答：

亲和图又叫 A 型图解、近似图解。它是把收集到的大量有关某一特定主题的意见、观点、想法和问题，按照它们之间相互亲近关系加以分类、汇总的一种图示技术。

第 18 章　统计过程控制

一、填空题

1. 单值—移动极差

2. (USL-LSL)/6σ

3. 极差控制图

4. 过程中心偏离目标值

5. 0.27%

6. 过程稳定

7. UCL　CL　LCL

8. 人　机　料　法　环　测

9. 统计技术　监控　产品质量

10. 计量　计数

二、判断题

1. ×　2. ×　3. ×　4. √　5. √

6. ×　7. ×　8. √　9. ×　10. ×

三、单项选择题

1. D　2. B　3. C　4. C　5. D

6. C　7. D　8. A　9. B　10. C

四、多项选择题

1. BCE　2. AC　3. ABC　4. AD　5. AB

五、简答题

1. **答：**

分为：偶然原因（一般原因）、特殊原因（异常原因）；用于区分这两类因素的方法是控制图；统计控制状态是指过程只有偶然原因没有异常原因。

2. **答：**

合理子组是指在抽取样本时要使组内波动仅由偶然原因引起；实现合理子组原则的方法是：在短时间内抽取一个子组所需的全部个体，或是对连续生产产品进行“块抽样”。

六、计算分析题

1. **答：**

$C_{pu}=(USL-\mu)/3\sigma=0.8$ 推出：$\mu=USL-0.8\times(3\sigma)$

$C_p=(USL-LSL)/6\sigma=1$ 推出：$3\sigma=0.2$

$\mu=USL-0.8\times(3\sigma)=1.2-0.8\times0.2=1.04$

2. **答：**

采用均值-极差控制图；

过程不稳定，控制图违反了第二条判断准则，“连续 9 点落在中心线同一侧”。

中国质量协会全面质量管理样题
（A卷）

一、填空题（每空1分，共10分）

1. 固有特性　要求
2. 物质文化层　精神文化层　精神文化层
3. 确定改进目标　有效执行
4. 设备　零不良　零浪费
5. 强正相关

二、判断题（每题1分，共10分，对者打√，错者打×）

1. ×　2. √　3. ×　4. ×　5. √

6. ×　7. √　8. ×　9. ×　10. √

三、单项选择题（每题2分，共20分）

1. C　2. D　3. C　4. C　5. B

6. C　7. A　8. B　9. D　10. D

四、多项选择题（每题4分，共20分，错选不得分，漏选得1分）

1. CD　2. ABC　3. BCDE　4. ABCE　5. BD

五、简答题（每题5分，共10分）

1. 答：

（1）全员的质量管理：任何一个人的工作质量都会不同程度地直接或间接地影响着产品质量或服务质量。因此，产品质量人人有责，只有人人做好本职工作，全体参加质量管理，才能生产出顾客满意的产品。

（2）全过程的质量管理：产品质量形成的过程、每一个环节都对产品质量产生或大或小的影响。因此要控制产品质量，需要控制影响质量的所有环节和因素。

（3）全方位的质量管理：从组织管理的角度来看，组织各管理层次都有明确的质量管理活动内容，当然各层次活动的侧重点不同。从质量职能角度看，组织的质量职能是由组织内部的各个部门承担的，有的涉及组织外部的供应商、销售商、顾客等。要保证和提高产品质量，就必须将分散在组织内外部和各部门的质量职能充分发挥并整合起来。

（4）多方法的质量管理：随着产品复杂程度的增加，影响产品质量的因素也越来越多。既有物的因素，也有人的因素；既有技术的因素，也有管理的因素；既有组织内部的因素，也有供应链的因素。要把这一系列的因素系统地控制起来，就必须广泛、灵活地运用各种现代化的科学管理方法，加以综合治理。

2. 答：

GB/T 19001 标准要求，组织应确保从事质量管理体系相关工作的人员知晓：

1）质量方针

2）相关的质量目标

3）他们对质量管理体系有效性的贡献及改进绩效的益处

4）不符合质量管理体系要求的后果

以确保其具备足够的质量意识，积极主动地从事与质量管理体系相关的工作，为保证质量作出贡献。

六、计算分析题（每题15分，共30分）

1. 答：

食品袋重量直方图如下所示。

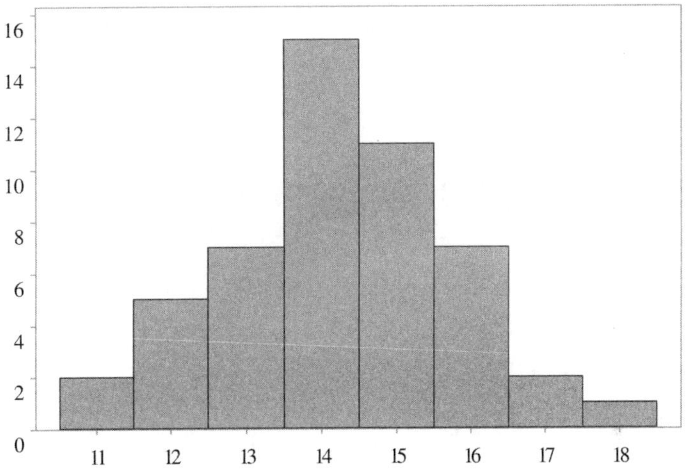

2. 答：

采用均值-极差控制图。

过程不稳定，控制图违反了第二条判断准则，“连续9点落在中心线同一侧”。

中国质量协会全面质量管理样题
（B卷）

一、填空题（每空1分，共10分）

1. PDCA
2. 质量策划　质量改进
3. 测量　分析　控制
4. 自主性　民主性　科学性
5. 4

二、判断题（每题1分，共10分，对者打√，错者打×）

1. ×　2. √　3. √　4. √　5. ×

6. √　7. ×　8. ×　9. ×　10. ×

三、单项选择题（每题2分，共20分）

1. B　2. B　3. D　4. D　5. B

6. C　7. D　8. D　9. A　10. B

四、多项选择题（每题 4 分，共 20 分，错选不得分，漏选得 1 分）

1. ABD　2. BCDE　3. ABCE　4. AB　5. AB

五、简答题（每题 5 分，共 10 分）

1. 答：

开展质量教育培训应注意以下问题：

（1）提供培训后没有及时地让员工实践；

（2）在设计培训内容时缺乏管理层的参与；

（3）仅依靠讲座的方式进行培训；

（4）培训中交流不善。

2. 答：

在 DMAIC 流程中定义（D）阶段的主要内容是：确认顾客的关键需求，并识别需要改进的产品或流程，组成项目团队，制订项目计划，决定要进行测量、分析、改进和控制的关键质量特性，确定项目所涉及的职能部门，将改进项目界定在合理的范围内；制定项目的目标，并估算达成目标后项目带来的预计收益。

六、计算分析题（每题 15 分，共 30 分）

1. 答：

冰箱质量缺陷排列图如下所示。冰箱存在的主要质量缺陷是焊接不良和箱体划伤，占全部问题的 80%。

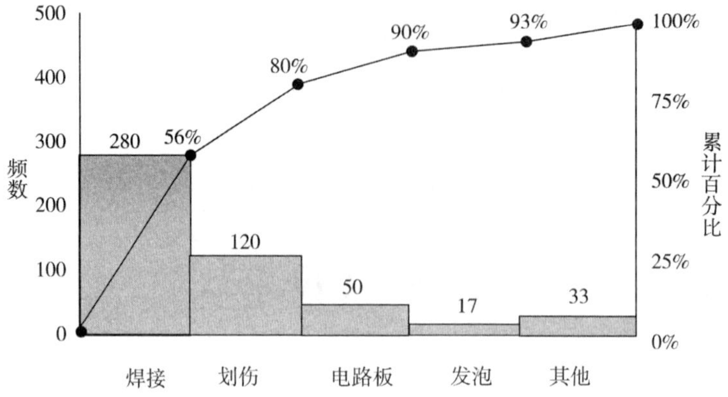

2. 答:

T=6 克 M=2001 克

$\varepsilon=|M-|=|2001-2001.3|=0.3$（克）

$$C_{pk}=\frac{T-2\varepsilon}{6S}=\frac{6-2\times0.3}{6\times0.9}=1$$

中国质量协会全面质量管理样题
（C卷）

一、填空题（每空1分，共10分）

1. 全员参与　社会　管理途径
2. 顾客　公司　部门
3. 亲和图　创造性思维
4. 清扫
5. p或np

二、判断题（每题1分，共10分，对者打√，错者打×）

1. √　2. √　3. √　4. √　5. ×

6. √　7. √　8. ×　9. √　10. √

三、单项选择题（每题2分，共20分）

1. A　2. A　3. C　4. A　5. A

6. C　7. B　8. A　9. D　10. D

四、多项选择题（每题4分，共20分，错选不得分，漏选得1分）

1. ABC　2. ABCD　3. BCDE　4. BCD　5. ABC

五、简答题（每题5分，共20分）

1. 答：

方针目标管理在企业经营管理中发挥着重要的作用，具体体现在以下几个方面：

（1）是组织进行战略部署，实现战略目标的重要方法之一；

（2）可以调动各级员工的积极性；

（3）是提高组织管理水平的重要工具。

2. 答：

企业管理及生产活动中存在的七种典型浪费是过量生产、等待、运输、额外作业、库存、多余动作和返工返修。

六、计算分析题（每题15分，共30分）

1. 答：

直方图近似正常型或近似孤岛型。

过程能力 $C_p=(12.15-11.85)/(6\times0.15)=0.33$

2. 答：

$$C_{pL}=\frac{\overline{X}-T_L}{3s}=\frac{531-500}{3\times6.2}=\frac{31}{18.6}\approx1.67$$

图书在版编目（CIP）数据

《全面质量管理》习题集／中国质量协会编著；李晓飞主编．—北京：中国社会出版社，2021.8（2025.1 重印）

ISBN 978-7-5087-6599-0

Ⅰ．①全…　Ⅱ．①中…　②李…　Ⅲ．①全面质量管理—习题集　Ⅳ．①F273.2-44

中国版本图书馆 CIP 数据核字（2021）第 163919 号

书　　名：《全面质量管理》习题集
QUAN MIAN ZHI LIANG GUAN LI XI TI JI
编 著 者：中国质量协会

出 版 人：程　伟
终 审 人：李　浩
责任编辑：朱永玲

出版发行：中国社会出版社　**邮政编码：**100032
通联方式：北京市西城区二龙路甲 33 号
电　　话：编辑室：（010）58124829
销售部：（010）58124848
网　　址：shcbs.mca.gov.cn
经　　销：各地新华书店

中国社会出版社天猫旗舰店

印刷装订：中国电影出版社印刷厂
开　　本：185mm×260mm　1/16
印　　张：11
字　　数：180 千字
版　　次：2021 年 8 月第 1 版
印　　次：2025 年 1 月第 5 次印刷
定　　价：58.00 元

中国社会出版社微信公众号